Francisco Pacheco, Sus Obras Artísticas Y Literarias...

José María Asensio y Toledo, Francisco Pacheco

Nabu Public Domain Reprints:

You are holding a reproduction of an original work published before 1923 that is in the public domain in the United States of America, and possibly other countries. You may freely copy and distribute this work as no entity (individual or corporate) has a copyright on the body of the work. This book may contain prior copyright references, and library stamps (as most of these works were scanned from library copies). These have been scanned and retained as part of the historical artifact.

This book may have occasional imperfections such as missing or blurred pages, poor pictures, errant marks, etc. that were either part of the original artifact, or were introduced by the scanning process. We believe this work is culturally important, and despite the imperfections, have elected to bring it back into print as part of our continuing commitment to the preservation of printed works worldwide. We appreciate your understanding of the imperfections in the preservation process, and hope you enjoy this valuable book.

PACHECO
Y
SUS OBRAS

POR

D. JOSÉ M. ASENSIO Y TOLEDO

SEVILLA: 1876.
FRANCISCO ALVAREZ Y C.ª, impresores
de Cámara de S. M., Tetuan, 24.

PACHECO Y SUS OBRAS

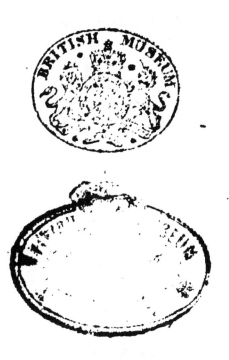

FRANCISCO PACHECO,

SUS OBRAS

ARTISTICAS Y LITERARIAS

ESPECIALMENTE

EL LIBRO DE DESCRIPCION DE VERDADEROS RETRATOS
DE ILUSTRES Y MEMORABLES VARONES
QUE DEJÓ INEDITO.

APUNTES

QUE PODRAN SERVIR DE INTRODUCCION A AQUEL LIBRO
SI ALGUNA VEZ LLEGA A PUBLICARSE

POR

D. JOSÉ M.ª ASENSIO.

SEVILLA.
FRANCISCO ALVAREZ Y C.ª *impresores.*
TETUAN, 24.

DOS PALABRAS.

No se han estudiado todavía con la detencion necesaria, y bajo un punto de vista histórico-filosófico, los oríjenes de la antigua escuela sevillana de pintura y escultura. No se han investigado los elementos que entraron en su composicion, las causas de su rápido engrandecimiento y de su inmediata decadencia, ni se ha fijado convenientemente su influencia en el arte español, su significacion estética en la história del arte en jeneral.

Este estudio, más delicado y profundo de lo que á primera vista parece, como que está ligado con la apreciacion jeneral y científica de la civilizacion española, durante los siglos xv, xvi y xvii, y con el influjo que nuestras letras y nuestras artes recibieran y comunicáran á las demás artes y letras de Europa, no se ha hecho todavía. Boscan, Garcilaso, Luis de Vargas y otros hombres eminentes recibieron el impulso; Lope y Calderon, Velazquez y Murillo lo devolvieron, haciéndose admirar en todas las naciones aturdidas entónces con el estruendo de nuestras armas victoriosas.

Último resultado de tales apreciaciones, vendria á ponerse en claro cómo esta escuela sevillana, que se ha conocido, se ha admirado, pero no se ha estudiado, fué en su principio esencialmente italiana, influida despues por los flamencos, y elevada por el jénio de los artistas andaluces á igualar y competir con las más famosas.

Al esponer su desenvolvimiento histórico y estético, veriamos bien delineadas y colocadas en el lugar que á cada una corresponde, las figuras de Villegas Marmolejo, de Luis de Vargas y de Francisco Pacheco, y tambien á Torrijiano, á Pedro Frutet, á Mateo Perez d'Alesio y al eminente Pedro Campaña, y veriamos la evolucion sucesiva del arte, hasta su apojeo en los pinceles de Velazquez y de Murillo, en las esculturas de Roldan y de Juan Martinez Montañez. Así acabaria de comprenderse toda la grandeza y la importancia de esta escuela, que hoy hacen alarde y moda de despreciarla muchos de los que entre nosotros se llaman artistas, al paso que la admiran, y la estudian, y hasta la imitan los estraños.

En el grupo principal de ese estenso cuadro, habrá de ocupar un lugar preferente Francisco Pacheco Hombre de doctrina y de ejecucion, enseñaba con sus lecciones y con su ejemplo. Sábio y respetado, unido en estrecha amistad con teólogos y literatos, siendo él tambien artista, literato y poeta; maestro de Alonso Cano y de Diego Velazquez, tuvo grandísima influencia en el arte, y escribió libros tan estimados hoy como sus lienzos.

No se elevan ahora nuestras miras á esponer la influencia de Pacheco en la escuela sevillana; tarea difícil y que exije fuerzas superiores. Nos hemos impuesto un penoso trabajo bio-bibliográfico; pero creemos que con este y otros semejantes, puede allanarse el camino para más profundos y científicos estudios.

I.

INCONVENIENTES Y DIFICULTADES DE ESTE TRABAJO.

Todos cuantos han tratado de escribir la história de alguno de los ilustres hijos de nuestra nacion española, han recordado y repetido involuntariamente los conceptos del docto P. Juan de Mariana, porque espresan con grande esactitud las dificultades que se tocan en toda investigacion biográfica.

España se ha cuidado más de producir hombres ilustres que de narrar sus hechos. Tantos son los hijos insignes de nuestro suelo, que no hay pluma que bastante sea para historiarlos; y si sus estátuas hubieran de colocarse en sitios públicos, no habria lugar donde no se tropezase con alguna.

Cierto es en verdad. En España más abundan las hazañas que los escritores, como decia el sábio jesuita. Ignóranse los hechos de muchos varones dignos de eterna memoria, con ser tantos, que al reunirlos, dejariamos muy atrás en este concepto á la historia de todas las naciones.

Y tan es así, que el autor de estos *Apuntes* ha tenido en más de una ocasion el pensamiento de recojer en un libro cien años de la História de España, desde principios del siglo XVI á iguales años del XVII, período brillantísimo que comenzaria en el Cardenal Jimenez de Cisneros y en Hernan-Cortés, y acabaria en Diego Velazquez; y que desde el Emperador Cárlos V y el Gran Capitan y con Leiva y Pescara, y Diego García de Paredes y el Gran Duque de Alba encerraria miles de nombres ilustres y de asombrosas hazañas, abrazando en un magnífico cuadro á los conquistadores de un mundo nuevo, con el creador de *El Ingenioso hidalgo Don Quixote*, y con los poetas dramáticos que hoy son la admiracion del orbe literario.

¡Grandiosa época aquella que produjo al lado de un Hernan-Cortés un Garcilaso; junto á Gonzalo de Córdoba y D. Juan de Austria un Fernando de Herrera, un Lope de Vega y un Cervántes; y con Calderon y Juan Martinez Montañez á Velazquez y á Murillo! No creo tenga nada que envidiar á los llamados siglos de Pericles, de Leon X y de Luis XIV.

Terminando yá esta digresion, nacida de la índole misma de nuestro trabajo, ocupémonos de la vida del sábio pintor Francisco Pacheco.

Todas las dificultades que se han encontrado para las biografías de nuestros grandes hombres, las hemos tropezado al investigar la de Pacheco. Por esta razon no las referimos. Recuerden los lectores cuanto acerca del estado de nuestros archivos, incuria de los escritores antiguos, y otros inconvenientes hayan leído en obras nacionales y estranjeras, y ténganlas por dichas en este lugar.

No hemos podido encontrar hasta hoy la partida de bautismo de Francisco Pacheco.

Hemos sospechado y con algunos fundamentos, que más adelante ván espuestos, que el ilustre pintor no era hijo de Sevilla, como se supone. Quizá por esta razon hayan sido inútiles nuestros afanes.

Tampoco se han encontrado las de su casamiento, ni la de bautismo de su hija doña *Juana;* ni áun la del entierro del artista, que es más estraño todavía, habiendo fallecido despues de mediado el siglo XVII, en el año 1654, al decir de sus biógrafos.

Á falta de datos tan directos, nos lanzamos á buscar otros que se relacionasen tambien con los hechos de la vida del pintor-poeta y pudieran derramar alguna luz sobre ellos. Velazquez, el famoso, el jamás como se debe alabado autor de la *Rendicion de Breda* y del cuadro llamado de las *Meninas*, casó con doña *Juana Pacheco*. Despues de muchos afanes y de inútiles pesquisas en casi todos los archivos eclesiásticos de Sevilla, encontramos en la parroquial de San Miguel la partida de casamiento y otras dos que más adelante insertamos. Este es uno de los pocos hallazgos de que hasta ahora podemos envanecernos.

Sabiendo, por último, á ciencia fija, la fecha del fallecimiento de Diego Velazquez, y la del de su mujer, que murió siete dias despues, recurrimos á Madrid á la iglesia parroquial de Santiago y San Juan Bautista.

Velazquez, segun afirman Palomino, Cean Bermudez y otros, dejó otorgado poder para testar á su mujer doña

Juana Pacheco y á D. Gaspar de Fuensalida; y la doña *Juana* dió igual poder y nombró por sus albaceas á este mismo D. Gaspar y á Juan Bautista del Mazo, pintor, su yerno. En estos poderes, nos deciamos muy confiadamente, han de constar algunas circunstancias de familia, fechas ignoradas y otros datos quizá de mayor importancia. ¡Vanas ilusiones! ¡Parece que la fatalidad se empeña en ocultar los sucesos de la vida de los hombres ilustres!

Véase el documento que obtuvimos y la última decepcion que él nos trajo:

«Como Teniente Mayor de Cura de la »Real Iglesia Parroquial de Santiago y »San Juan Bautista de esta M. H. villa y «Córte de Madrid: Certifico: Que en el li- »bro Tercero de difuntos correspondiente »á la parroquial antigua de San Juan Bau- »tista, al fólio 153 vuelto, se halla la siguiente

»*Partida.*=«En siéte de Agosto de mil

»y seiscientos sesenta murió en esta parro-
»quia de San Juan Bautista de Madrid
«D. Diego Velazquez, caballero de la órden
»de Santiago y aposentador de S. M. Re-
»cibió los Santos Sacramentos, y dejó po-
»der para testar á doña Juana Pacheco, su
»mujer, y á D. Gaspar de Fuensalida, y
»á cada uno *in solidum*, ante. . . . . . Es-
»cribano de S. M. que asiste. . . . .
»Enterróse en la bóveda de dicha Iglesia, y
»dieron de sepultura, paño y tumba 3200.»

En el mismo libro, y al fólio 54, se halla la siguiente

«*Partida.*=En catorce de Agosto de
»mil y seiscientos sesenta murió en esta
»parroquia de San Juan Bautista de Ma-
»drid (habiendo recibido los Santos Sacra-
»mentos) doña Juana Pacheco, mujer que
»fué de D. Diego de Silva Velazquez, ca-
»ballero del hábito de Santiago y aposen-
»tador de S. M., que vivia en casa del Te-
»soro: Otorgó poder para testar ante. . . .
»Escribano. . . . . nombrando por
»sus Albaceas y testamentarios á Don
»Gaspar de Fuensalida, Furriel de S. M.,

»que vive en la calle de Alcalá, más abajo »de la Concepcion de Calatrava, y á su »yerno Juan Bautista de Imazo, del Mazo, »que vive en la dicha casa del Tesoro. En-»terróse en la bóveda de dicha Iglesia; pa-»garon de sepultura 200 rs., de paño y »tumba nueve.

»Concuerdan ámbas con sus originales, »á que me remito. Santiago y San Juan »Bautista de Madrid, doce de Junio de 1866. »=*Manuel Uribe.*»

¿Puede darse mayor desgracia? Los claros que en las partidas se observan son dejados, á no dudar, para poner más tarde el nombre y domicilio del Escribano, que el cura ignoraba al estenderlas, y el hueco quedó sin llenar por un descuido lamentable.

Semejante falta nos imposibilita hoy de obtener copias de esos poderes en el Archivo jeneral, por ignorarse el oficio en que se rejistraron. Y al propio tiempo nos priva de las noticias que por ese medio esperábamos adquirir, y que probablemente nos hubieran conducido á hallar otras.

Á falta, pues, de todo jénero de documentos, hemos recurrido á las obras del autor en busca de datos auto-biográficos.

Las noticias que acerca de FRANCISCO PACHECO y de su familia ván á continuacion, se han reunido poniendo á contribucion el *Arte de la Pintura*, el *Libro de descripcion de verdaderos retratos*, objeto especial de estos *Apuntes;* el tomo *71 de várvios* de la Biblioteca Colombina, que contiene opúsculos inéditos de PACHECO, las actas de los cabildos que se conservan en el *Archivo Municipal de Sevilla*, las obras de várvios autores contemporáneos suyos, y hasta las *firmas* de sus cuadros, aprovechando las fechas que en alguno que otro dejó estampadas.

No arrojan mucho de sí los medios indicados; pero tampoco hemos querido seguir en nada lo dicho por los anteriores biógrafos. El lector puede tener la seguridad de que en esta reducida biografía no hay un solo dato que no haya sido minuciosamente comprobado por el colector.

II.

PACHECO Y SU FAMILIA.

Debió venir al mundo este celebrado artista por los años de 1573 ó 1574, y nó ántes. El lugar de su nacimiento no es conocido hasta ahora, á lo ménos con seguridad.

Ámbos asertos necesitan alguna demostracion, cuando se ha venido repitiendo que Pacheco vió la primera luz en Sevilla en 1571.

En cuanto á su edad en épocas determinadas, tenemos un dato irrecusable: sus propias palabras.

En el *Libro de descripcion de verdaderos retratos*, dice en el elojio de Fray Juan Bernal, que estaba *en lo mejor de sus estudios*, cuando éste le elijió para pintar los cuadros del claustro de la Merced. Estos cuadros se pintaron en el año 1600, segun la fecha de uno de ellos, y lo que él mismo asegura en el *Arte de la Pintura*. Muy jóven debia ser en aquella época.

En esta obra publicada en Sevilla en 1649, dice (libro III, cap. XI): *Servirán mis avisos de saludables consejos en 70 años de edad*. Por mucho que quiera estirarse la frase, esos eran los años que contaba PACHECO cuando la escribió, porque no dice ni *más de 70 años*, ni *cerca de 70 años*, sino llanamente *en 70 años de edad*. La licencia del Ordinario para la impresion del *Arte de la Pintura* lleva la fecha de 24 de Diciembre de 1641; y de aquí han deducido la edad del autor sus biógrafos; pero no es creible que PACHECO dejase sin revisar y correjir ese capítulo y otros, cuando llevó á cabo la impresion, ocho años despues de la licencia.

Otro dato existe tambien en el mencionado *Libro de retratos*. Cuenta Pacheco que en 14 de Abril de 1587 murió el P. Rodrigo Álvarez, de la Compañía de Jesus. «Acudió á su entierro (donde me hallé) innumerable gente....» dice el pintor; y luégo añade.... «á cuyo retrato.... hize *entonces* estos versos *juveniles*, atendiendo más á la devocion que á la elegancia.»

Nacido en 1573 ó 1574, segun mi opinion, contaba sólo catorce años en el de 1587.

En cuanto al lugar de su nacimiento no haré más que algunas observaciones. Son pruebas negativas, pero á mi ver de mucha fuerza.

Por Francisco Pacheco, vecino de Sevilla, dice en la portada el *Arte de la Pintura*, publicado segun hemos dicho, en 1649. En la comision que el Tribunal de la Inquisicion le despachó para que cuidase del decoro de las pinturas sagradas, su fecha 7 de Marzo de 1618, se le dice: *vezino desta ciudad*, pintor »excelente i Ermano de Juan Perez Pa- »checo, Familiar deste Santo Oficio.»

Segun testimonios no contradichos hasta hoy, el canónigo *Francisco Pacheco*, tio carnal del pintor, era natural de Jerez de la Frontera. Hacemos esta indicacion, porque nos parece que tal circunstancia, unida á la de hablarse con repeticion de su vecindad, y nunca de su naturaleza, concurre á demostrar que no vino al mundo en la ciudad de Sevilla.

Podemos añadir otra prueba, aunque tambien negativa. En el *Libro de descripcion de verdaderos retratos* se contienen cuarenta y cuatro elojios, y entre estos, veintisiete se refieren á hijos insignes de la ciudad de Sevilla. Todos comienzan diciendo, en sustancia, que aquel hombre ilustre nació para honra de la ciudad donde vió la luz primera, y en ninguno dice el autor que él tambien vino al mundo en ella. En un hombre como Pacheco es muy significativo este silencio.

Á favor de su nacimiento en Sevilla nada hay tan directo como un *soneto* de D. Francisco de Medrano, y una *silva* orijinal de D. Francisco de Quevedo.

El *soneto*, *En alabanza del retrato del Dr. Luciano de Negron*, Arcediano de Sevilla, pintado por Pacheco, empieza así:

«Este breve retrato los mayores
Dos varones, que al mundo dió Sevilla,
Nos ofrece á los ojos; maravilla
Ambos, y emulacion á los mejores.»

La *silva* es la XIX, Musa octava, *En alabanza de la pintura de algunos pintores españoles*, y dice así:

«Por tí, honor de Sevilla,
El docto, el erudito, el virtuoso
Pacheco, con el lápiz injenioso
Guarda aquellos borrones
Que honraron las naciones,
Sin que la semejanza

A los colores deba su alabanza,
Que del carbon y plomo parecida
Reciben semejanza y alma y vida.

Juzguen los lectores cuáles datos merecen mayor consideracion.

Francisco Pacheco, niño aún, se avecindó en Sevilla, no sabemos si con sus padres, ó bajo la proteccion de su tio el docto canónigo; y sin duda por indicaciones de este, en vista de la natural inclinacion que manifestara, se le dedicó al noble arte de la pintura, bajo la direccion del pintor de sargas Luis Fernandez, que tambien fué maestro de Francisco Herrera, el Viejo.

Jóven todavía, y probablemente en casa de su mismo maestro, desde el año 1594 para adelante, pintó cinco estandartes Reales, los cuatro para las flotas de Nueva España, de á treinta varas, y el postrero para Tierra Firme, de cincuenta, todos de damasco carmesí. Es curiosa la descripcion, y digna de ser conocida.

Pintábale cerca del asta un bizarro escudo de las armas Reales, con toda la grandeza y majestad posible, enriquecido á oro y plata, y de muy finos colores, todo á óleo. En el espacio restante hácia el medio círculo en que remataba la seda, le pintaba el apóstol Santiago, Patron de España, como el natural, ó mayor, armado á lo antiguo, la espada en la mano derecha levantada, y en la izquierda una cruz, sobre un caballo blanco corriendo; y en el suelo cabezas y brazos de moros. Demás de esto se hacía una azenefa, por guarnicion en todo el estandarte, de más de cuarta de ancho en proporcion, con un romano de oro y plata perfilado con negro y sombreado donde convenia; la espada y morrion de plata; la empuñadura, riendas, tahalí, estribos y otras guarniciones y diadema del Santo de oro; y lo demás pintado á óleo, con mucho arte y buen colorido... Apreciábase la pintura en más de doscientos ducados, segun la calidad y coste que tenia.

En 1598, tuvo encargo de pintar una parte del suntuoso túmulo levantado en el crucero de la catedral para las honras del Rey D. Felipe II.

En 1599, pintó y firmó poniendo la fecha, dos santos de cuerpo entero, S. Antonio y S. Francisco, para dos altares laterales en la Iglesia de un convento de relijiosos de Lora del Rio. Uno de ellos, el S. Antonio, firmado FRAN. PACIECUS. 1599, ha venido desde el año 1861 á enriquecer la coleccion del que escribe estos *Apuntes*.

En este mismo año fué elegido por el Santo varon Frai Juan Bernal, para pintar los cuadros del claustro del convento de la Merced, en union con Alonso Vazquez, Él mismo lo espresa así en el *Libro de retratos*, y en el *Arte de la pintura*, pág. 384.

En 1603, pintó en el palacio de D. Fadrique Enriquez de Ribera, tercer duque de Alcalá, para un camarin, varios pasajes de la fábula de Ícaro, al temple sobre lienzo; y para el oratorio otras obras de historia sagrada.

No es nuestro ánimo hacer aquí catálogo de sus pinturas, tarea que reservamos para otro lugar, y únicamente hemos tratado de consignar sus primeros pasos en el arte, entresacando lo que dice en sus obras. Desde entónces, siguió pintando para todas las iglesias y casas particulares, relacionándose con todos los hombres ilustres que á Sevilla llegaban, y más aún con los que en Sevilla vivian.

No sabemos el año en que contrajo matrimonio; pero hoy podemos asegurar que su esposa se llamaba doña María del Páramo, constando tambien que hizo el retrato de ésta en una tabla redonda, que él mismo calificaba por el mejor de todos. De su consorcio, no se sabe tuviera otra sucesion que una hija llamada Juana, que casó en 1618 con el famoso Velazquez, segun lo comprueba la siguiente partida, desconocida hasta hoy.

Desposorio y Velacion. —«En Lúnes, veinti-»tres dias del mes de Abril del »año de mil y seiscientos y diez »y ocho años, yo el Br. Andrés »Miguel, cura de la Iglesia de »el Sr. S. Miguel de esta ciudad »de Sevilla, habiendo precedido »las tres amonestaciones con-»forme á dro. en virtud de un »mandamiento de el Sr. D. An-»tonio de Covarrubias, Juez de »la Sta. Iglesia de esta dicha »ciudad, firmado de su nombre »y de Francisco Lopez, Nota-»rio, su fecha en 5 dias del mes »de Abril de dicho año, despo-»sé por palabras de presente »que hicieron verdadero matri-»monio, á Diego Velazquez, hi-»jo de Joan Rodriguez y de »D.ª Gerónima Velazquez, na-»tural de esta ciudad, junta-

Diego Velazquez.
D.ª Juana de Miranda.

»mente con Doña Joana de Mi-
»randa, hija de Francisco Pa-
»checo y de Doña María del Pá-
»ramo; fueron testigos el Doc-
»tor Acosta, Pro. y el *Licencia-
»do Rioja*, y el Padre Pavon,
»Presbíteros, y otras muchas
»personas. Y luego en el mes-
»mo dia, mes y año, velé y dí
»las bendiciones nupciales á los
»sobredichos: fueron padrinos
»Joan Perez Pacheco y Doña
»María de los Ángeles, su mujer,
vecinos de la Iglesia Mayor, y
»fueron testigos los sobredichos
»y otras muchas personas, y
»por verdad lo firmé de mi nom-
»bre, que es *fha. ut supra.* (1)—
»*El Br. Andrés Miguel.*»

Corridos los primeros años del siglo XVII, habia llegado á su mayor altura la fama de FRANCISCO PACHECO. La nom-

---

(1) Se encuentra al fól. 18 del libro 4.º de casamientos de la Iglesia de S. Miguel, que comprende los años desde 1614 á 1682.

bradía de sus cuadros, no eclipsaba la de su doctrina; el pintor no hacia olvidar al literato, ni éste al poeta. El talento, el buen juicio, la erudicion de PACHECO, corrian parejas con su habilidad; y así contribuia con un gran *elogio* en verso, ensalzando á Juan de la Cueva, para que se insertara al frente del poema *Conquista de la Bética;* como defendia el compatronato de Sta. Teresa, contra D. Francisco de Quevedo, y las prerogativas de los pintores contra el célebre escultor Juan Martinez Montañez; y tomaba los pinceles para ejecutar la magnífica efigie de S. Miguel que aún se conservaba en la Iglesia del colejio de S. Alberto, y era una de sus más valientes creaciones. (1)

Al mediar el año 1616 fué nombra-

---

(1) Despues de la revolucion de 18 de Setiembre de 1868, este precioso lienzo fué quitado de su lugar y conducido á Lóndres para ser puesto en venta, por los que ostentaban el derecho de Patronos de la capilla. El cuadro no se vendió entónces: hoy no sabemos su paradero.

do Francisco Pacheco alcalde veedor del oficio de pintores en union con *Juan de Uceda*; (1) cuyo cargo juraron ambos en el cabildo de 16 de Julio de aquel año, despues de una ligera contradicion por haberse verificado el acto de la eleccion ante un escribano que no era de los del Cabildo. (2)

En el estudio de Francisco Pacheco recibieron educacion artística Alonso

---

(1) Probablemente seria Juan de Uceda *Castroverde*, discípulo de Roelas, y autor de la *sacra familia* que estaba en la Iglesia de la Merced, y hoy en el *Museo Provincial* señalada con el núm. 205, que está firmada en 1623.—Hubo otro Juan de Uceda que pintó el *monumento* de Semana Santa en 1594, segun noticia que comunicaron del archivo eclesiástico de Sevilla á D. Juan A. Cean Bermudez.

(2) Archivo Municipal de Sevilla.—Escribania 2.ª de cabildo á cargo de Franco. Torres correa-escribano.

Cabildo del viernes primero de Julio de 1616.

Veedores del oficio de pintores.—Leí dos títulos de los Sres alcaldes del crimen de la rreal audiencia de esta ciudad por los quales nombran por alcaldes veedores de los pintores á *Francisco Pacheco* y *Juan de Usseda* vecinos desta ciudad refrendados de xpoval alfonsi secretario del Crimen soffª á vte y siete de Julio deste año en questamos.

acordose de conformidad quel Sr. D. gaspar de alcocer Veynticuatro y pror. mor. sepa y se informe como se an despachado estos dos titulos y hecho la eleccion ante Juan za-

Cano y Diego de Silva Velazquez. Habiéndose casado este último con D.ª Juana Pacheco, justo es que digamos algo de su persona y familia.

Nació Velazquez en la ciudad de Sevilla, y fué bautizado en la parroquia de San Pedro el dia 6 de Junio de 1599. Darémos la partida sacramental, que es poco conocida:

«El Domingo, seis dias del mes de Ju-

---

mora y en nombre de la ciudad haga las diligencias que convengan para que se traiga á ella y aviendolo visto provea lo que mas conbenga.

Miercoles veinte dias del mes de Julio
1616.

ALCALDES VEEDORES DE LOS PINTORES.—Lei los titulos que de los alcaldes de la Real audiencia desta ciudad tienen de alcaldes veedores del oficio de lo pintores *Juan de Usseda y Franco. pacheco* Pintores y el acuerdo de la ciudad de viernes primero dia deste preste mes y el parecer que en su virtud del da el Sr. D. gaspar de alcocer veynticuatro y pror. mor. con parecer del lcdo. Enrrique duarte y dió fee hernando de bocanegra que llamó á Cabildo y son las nueve.

acordose de conformidad que se reciban y entren en este cabildo y juren y se les notifique á los pintores que de aqui adelante hagan esta eleccion ante uno de los escribanos del cabildo con pena y apercibimiento que la ciudad no los recivira

»nio de mil y quinientos noventa y nueve
»años, baptizé yo el Licenciado Gregorio
»de Salazar, cura de la Iglesia de San Pe-
»dro de la ciudad de Sevilla, á Diego, hijo
»de Juan Rodriguez de Silva y de Doña
»Gerónima Velazquez su mujer. Fué su
»padrino Pablo de Ojeda, vecino de la co-
»llacion de la Magdalena; advirtiósele la
»cognacion espiritual, *feh. ut supra.-El
Licdo. Gregorio de Salazar.*

Muy luégo dedicaron sus padres á D. Diego á que aprendiese á dibujar, y parece le pusieron bajo la direccion de

---

si no viniesen desta forma y la pena sea de diez ducados aplicados para los pobres de la carcel los cuales se entreguen á los caballeros diputados y administrador de la carcel para que los repartan en la forma que les pareciere.

Y en cumplimiento del acuerdo de la ciudad entraron en este cabildo *francisco pacheco* y *Juan de Usseda* alcaldes de los pintores y juraron por Dios ntro. Sor y por la señal de la cruz de usar sus oficios guardando el servicio de Dios ntro Sor y de su magd y ordenanzas de sus oficios y en todo lo que deben y son obligados y dijeron si juro y amen y quedaron recividos y les notifique á los susodichos el acuerdo de la ciudad en que mando no hagan otra vez esta eleccion si no fuere ante uno de los escribanos del cabildo con la pena y apercibimiento que se contiene en el dicho acuerdo y fueron testigos gerónimo mendez de acosta escrivano, y hernando de bocanegra portero.

Francisco Herrera, *el Viejo*, que gozaba yá gran reputacion; pero disgustado el discípulo de la áspera condicion y duro trato del maestro, pasó, desde el año 1613, cuando aún no contaba catorce de edad, al estudio de Francisco Pacheco, el cual, prendado de su virtud y felices disposiciones, le casó con su hija, despues de cinco años de enseñanza.

Verificóse la union, segun hemos dicho, el Lúnes 23 de Abril de 1618, figurando entre los testigos de ella el célebre *Francisco de Rioja*, y es de creer que, por entónces, Velazquez y su esposa continuaron viviendo reunidos con Pacheco, en la casa de éste.

Á poco más del año, en 13 de Mayo de 1619, recibió las aguas del bautismo una niña, fruto de aquella union, á la que se le dió el nombre de *Francisca*.

En 29 de Enero de 1621, se hicieron exorcismos y se puso el sagrado crisma á una segunda hija de Diego

Velazquez y de doña *Juana Pacheco*, que recibió el nombre de *Ignacia*. El parto debió ser laborioso; la hija corrió peligro de muerte, y quizá tambien la madre, por lo cual aquella fué bautizada en el acto y bajo condicion.

Véanse las partidas que existen á los fs. 170 vuelto y 182 en el libro 5.° de bautismos de la iglesia de San Miguel de la ciudad de Sevilla.

Francisca.

«En Domingo deziocho de Ma»yo dia de Páscua de Espíritu »Santo: yo el M.° Sancho de la »Torre, cura de esta Iglesia de »Sr. S. Miguel, bauticé á Francis»ca, hija de Diego Velazquez y de »Doña Joana de Miranda, su legí»tima mujer: fué su padrino Es»téban Delgado, vecino de la co»llacion de S. Lorenzo, al que »amonesté lo dispuesto por el sa»cro Concilio, de que doy fé, *fech.* »*ut supra.--M.° Sancho de la Torre.*»

«En Sevilla, viernes á 29 de

Ignacia.

»Enero de mil y seiscientos y »ventiun años, yo el doctor Alon- »so Baena Rendon, beneficiado y »cura proprio de esta Iglesia de »Sr. S. Miguel, hice los exorcis- »mos y puse la crisma á Ignacia, »que estaba baptizada en su casa, »hija de Diego Velazquez de Silva »y de Doña Juana Pacheco, su »legítima mujer; fué su padrino »Juan Velazquez de Silva, vecino »de la collacion de S. Vicente, y »le fué avisado el impedimento »conforme á dro. y lo firmé *feh.* »*ut supra.*—*Dr. Alonso Baena Ren-* »*don.*»

Ansioso de gloria, y deseando estudiar las obras de otros maestros, salió Velazquez de Sevilla y llegó á la Córte en el mes de Abril de 1622, con espresivas recomendaciones de su suegro y maestro; pero no logrando por entónces sus intentos, volvió á Sevilla para regresar á Madrid en el verano del año siguiente. Francisco Pacheco acompañó á Velazquez en este segundo viaje para cuidar de sus adelantos.

Á 30 de Octubre de 1623, se le despachó título de pintor de cámara, mandándole llevar su casa á Madrid, con veinte ducados de salario al mes, casa, médico y botica, y pagadas las obras que ejecutase. Desde entónces no volvió Diego Velazquez á Sevilla, ó á lo ménos no consta estuviese en ella.

Pacheco, regresó á su casa solo, dejando instalado en Madrid á su yerno. Y puede asegurarse que si con sus consejos y lecciones, y con su severidad en el dibujo, allanó á Velazquez el camino para que ocupara tan señalado y preeminente lugar en el arte, con sus relaciones é influencia contribuyó tambien al rápido engrandecimiento que aquel obtuvo.

De la brillante pájina de la carrera de artista de Velazquez solamente hace á nuestro propósito dejar consignado, que en el Real Museo de Madrid se conserva, entre muchos, un retrato de su mano superiormente ejecutado. Representa á una mujer muy bella, y se asegura por constante tradicion que es el de la esposa del artista, *D.ª Juana Pacheco.*

La doctrina, el juicio de Francisco Pacheco, y la sólida piedad que á tales dotes unia, fueron parte á que el celoso Tribunal de la Inquisicion, queriendo ejercer alguna vijilancia sobre los abusos que artistas adocenados se permitian al pintar las imájenes de los santos, le diese comision en 7 de Marzo de 1618, para que mirase y visitase los cuadros de asuntos sagrados que se esponian en lugares públicos.

Pacheco transcribe en el *Arte de la pintura*, parte de esa cédula de comision, y creemos un dato curioso el consignarla:

«Por tanto, por la satisfaccion que »tenemos de la persona de *Francisco* »*Pacheco*, vecino desta ciudad, pintor

»excelente i Ermano de Juan Perez »Pacheco, familiar deste Santo Oficio: »i teniendo atencion á su cordura i pru- »dencia, le cometemos y encargamos »que de aquí adelante tenga particular »cuidado de mirar i visitar las pinturas »de cosas sagradas que estuvieren en »tiendas i lugares públicos.» Y en suma, advierte que hallando qué reparar en ellas, las lleve ante los Sres. Inquisidores, para que vistas se provea lo que convenga. Y añade: «Y para ello le damos »comision cual se requiere de derecho.»

Pocas veces anduvo el Santo Tribunal tan acertado como en el caso presente; los apasionados al noble arte de la pintura desearian que aún hubiese hoy otra comision semejante, más necesaria tal vez que en el tiempo de Pacheco, para que se guarde el decoro que á la Relijion es debido.

Récia contienda se movia entónces, y se sostenian empeñados debates acerca de la Inmaculada Concepcion de

Nuestra Señora. Los que seguian la doctrina de Santo Tomás, impugnaban esa opinion, entónces cuestionable, hoy artículo de fé; al lado contrario militaban con las demás órdenes relijiosas, el pueblo con sus poetas, y los hombres piadosos dados ántes al sentimiento que á la discusion.

Si Miguel Cid, poeta sin letras humanas, *que al coro de las musas pone espanto*, segun la espresion entre agradable y zumbona de Miguel de Cervántes, se hacia popular con sus sentidas y fáciles redondillas; la pluma de Francisco Pacheco tampoco podia permanecer muda, y en terreno más elevado que el de Miguel Cid terciaba tambien el pintor en tan acalorada contienda.

Su *Conversacion entre un Tomista y un Congregado acerca del misterio de la Purísima Concepcion*, impresa en Sevilla, por Francisco Lira, en 1620, se ha hecho tan rara, que no hemos logrado ver de ella más que un ejemplar. Lleva dedicatoria *Á la venerable hermandad de la Santa Cruz en Jerusalen, en S. Antonio Abad*, fecha 1.º de Enero de 1620: y aprobacion del P. Pascual Ruiz, de la Compañía de Jesus, del 17 de Marzo. En la dedicatoria consta que el artista era hermano de aquella cofradía.

Obligado se vió nuestro PACHECO en el año 1622, á salir á la liza en combate bien diferente.

Tratábase de un litijio con el famoso escultor Juan Martinez Montañez, que habiendo cobrado una crecida suma por ciertas esculturas, dió escasa remuneracion al pintor que se las estofó y pintó. Parece que sobre esto hubo acaloradas cuestiones, y PACHECO escribió un erudito papel encareciendo y demostrando la superioridad de la pintura sobre la escultura. Dedicóle á los profesores de su arte, y aunque se publicó en 1622, se ha hecho sumamente raro. Los que hemos alcanzado á ver ván firmados por el autor.

Otra cuestion, tambien de cierta gravedad, aunque de índole muy diferente, movió á PACHECO á tomar la pluma, nada ménos que contra el docto D. Francisco de Quevedo y Villegas.

Desde tiempos muy antiguos, remontándose hasta la primera predicacion de la divina palabra en España, y despues á la sobrenatural aparicion en Compostela (ó *Campus apostoli)* era tenido Santiago por especial patrono y defensor de las Españas. Nuestros piadosos abuelos debieron á su ayuda y proteccion señaladas victorias, y la inolvidable de Clavijo. El nombre del Santo Apóstol era el grito de guerra de nuestros ejércitos.

Canonizada la reformadora de la órden del Cármen, Doña Teresa de Cepeda y Ahumada, y puesta en los altares con la advocacion dulcísima de Teresa de Jesus, se la dió el compatronato, motivo entónces y mucho tiempo despues de graves altercados.

Quevedo, valiente y arrogante, lleno del espíritu de los antiguos españoles, escribió primeramente un docto *Memorial*, y ofreció luego *su espada por Santiago*. PACHECO, piadoso y entusiasta, le contestó moderada y lijeramente en un papel, que no se ha impreso nunca, y ahora disfrutarán los curiosos por vez primera.

Pero la obra que habia de poner el sello á su reputacion, fué el *Arte de la pintura, su antigüedad y grandezas*, que se publicó en Sevilla, por Simon Fajardo, año de 1649; entónces obtuvo grandísimo éxito y todavía conserva suma importancia entre literatos y artistas.

Por una de aquellas rarezas, que ahora no podemos esplicarnos, este libro tan erudito, cuyo manuscrito estaba terminado desde el año 1638, segun noticia de D. Juan A. Cean Bermudez, no salió á luz hasta 1649, y áun entónces se publicó sin el prólogo que el autor tenía compuesto, y que no fué conocido hasta el año de 1800, que lo insertó el dicho Cean Bermudez, en su *Diccionario histórico de los más ilustres profesores de bellas artes.*

Otra noticia peregrina podemos dar tambien á los curiosos acerca de este libro. Yá en el papel contra Juan Martinez Montañez, impreso, como hemos dicho, en 1622, habia hecho PACHECO una referencia terminante á su *Arte de la pintura*, diciendo: «Hállome obligado por lo que debo á esta noble facultad (aunque el menor de sus hijos) á dar alguna luz de la diferencia que se halla entre ella y la escultura, lo cual yo excusara si hubiera publicado mi libro.... &c.»

Posteriormente, y sin que podamos fijar el año, aunque suponemos fuese despues del de 1633, quiso PACHECO consultar la opinion de los doctos acerca del mérito de su trabajo, y para ello hizo imprimir en cuatro hojas en 4.º español, pero sin lugar ni año, el capítulo 12, último del *libro* segundo del *Arte*, que trata: «*Por qué aciertan sin cuidado muchos pintores, i poniéndolo no consiguen su intento.*»

Y termina con la *silva* de Francisco Rioja, que comienza:

«Mancho el pincel con el color en vano
»Para imitar, ó Febo, tu figura....»

Á su cabeza, y ántes del epígrafe del capítulo, se imprimió una nota del tenor siguiente:

«Francisco Pacheco. Al lector.

«Determiné comunicar á algunos curiosos de la Arte de la pintura, este capítulo de mi libro ántes de sacarlo á luz; porque el intento que trata no depende de otro y por calificar por esta pequeña muestra todo lo restante que escribo de esta profesion.»

Este curiosísimo capítulo se ha encontrado hace muy poco tiempo por la Sra. Doña Cecilia Bolh de Fáber, encuadernado con otros folletos, en un volúmen que, segun parece, perteneció al Sr. D. Juan Nicolás Bolh de Fáber, benemérito de las letras españolas, que ilustró con la *Floresta de rimas antiguas castellanas,* y con el *Teatro anterior á Lope de Vega.*

III.

CUESTIONES GRAVES.

Dos importantes cuestiones debemos examinar ántes de pasar adelante.

Es la primera relativa á los viajes de Francisco Pacheco, al complemento de su educacion artística.

Opinan muchos que Pacheco viajó por Italia; que allí vió y estudió las obras de los grandes maestros del siglo XVI: y esto lo confirman con el estilo y sabor que notan en sus cuadros, y con las palabras estampadas á la página 265 del *Arte de la pintura*.

«Pero yo (aunque no es de mi intento) dice el pintor, hurtaré estos versos de una epístola que envié á Don Juan de Xáuregui estando en Roma, i pasen por variedad y por pintura.

«Cuán frágil eres hermosura umana!
»tu gloria, en esplendor, es cuanto dura
»breve sueño, vil humo, sombra vana.»

«Eres umana i frágil hermosura,
»á la mesclada rosa semejante,
»que alegre se levanta en la luz pura.»

«Pero, buelta la vista, en un instante
»cuanto cambia el azul el puro cielo.
»las hojas trueca en pálido semblante.»

«Yaze sin onra en el umilde suelo,
»¿quién no ve en esta flor el desengaño?»
»que abre, cae, seca el sol, el viento, el hielo.»

Supónese al leer esto que PACHECO estaba en Roma cuando envió la epístola á D. Juan de Jáuregui; y yo creo que el párrafo transcrito, aunque de sentido un tanto anfibológico, dice precisamente lo contrario: PACHECO, estando en Sevilla, envió esa epístola á su amigo, que se hallaba en Roma.

No hemos visto hasta ahora, ni

creemos que la haya, prueba justificativa de que Francisco Pacheco saliese de España á perfeccionar su educacion.

Dos viajes hizo á Madrid, y de ámbos dejó abundantes noticias en su libro citado del *Arte de la pintura.*

Fué el primero de ellos en el año de 1611; siendo dignas de saberse las circunstancias de este viaje artístico, porque señala una profunda variacion en el estilo de Pacheco, un gran adelanto en su carrera.

Por de contado, que el pintor-poeta estrechó desde luego sus relaciones con todos los hombres de letras que en la córte vivian, alguno de los cuales habia conocido y tratado yá en Sevilla, contándose entre estos al gran Lope de Vega.

Una prueba de su trato íntimo con los literatos y poetas tenemos en el curioso libro titulado: «*Cristales de Helicona. Rimas de D. García de Salcedo Coronel.*» Al fól. 17 vuelto, encontramos la siguiente curiosísima mencion de nuestro artista:

**REFIERE EN ESTILO DRAMÁTICO
UNA CENA QUE DIÓ DON PEDRO DE BAEZA, CABALLERO DEL HÁBITO DE CALATRAVA, Y REJIDOR DE LA CIUDAD DE CÁDIZ, AL AUTOR, Y OTROS AMIGOS, EN CASA DE D. BARTOLOMÉ VILLAVICENCIO, CABALLERO DEL HÁBITO DE ALCÁNTARA.**

«Señores, á vagar, no estén en tropa,
»Que para todos hay, si yo reparto;
»Retiren el brasero: pon Lagarto,
»Este bufete bien, mira en qué topa.

«Coman de dos en dos. Buena es la sopa.
»Al Alcalde y Ulloa.—Échenos harto.—
»¿Dónde esta Coronel?—Yo no me aparto
»De Angulo, que no corre, aunque galopa.—

»¿D. Pedro de Baeza?—No me siento,
»Que en pié como mejor.—¿Dónde se ha ido
»*Pacheco?*—Allí le veo agazapado.»

«¿No tiene D. Cristóbal un sustento:
»Cómo no beben?—Porque ya han bebido
»Tanto, que les parece que han cenado.»

No fué este el único esparcimiento con que se obsequió á los andaluces. El soneto siguiente *refiere otra cena que dió el autor á los mismos;* y el que vá despues es, *á otra cena que dió á los mismos D. Diego de Velasco,* caballero de la Órden de Santiago.

Esto prueba las buenas amistades de Francisco Pacheco con los hombres de Letras.

Conoció en Madrid y trató á Vicente Carducho, pintor excelente y erudito. El mismo Carducho dejó un recuerdo de su amistad en la obra que intituló *Diálogos de la pitura*, impresa en Madrid por Francisco Martinez, en 1633. Al fól. 65 vuelto (Diál. 5.º) dice así:

Disc. «Con un amigo que lo era de »Bartolomé Carducho, tanto, que »siempre que me ve, refiere la »poca suerte que tuvo; y díxome »de unos versos que hizo á su »retrato Francisco Pacheco, su-

»geto muy conocido por ingenio-
»so y erudito pintor, á quien los
»profesores destas artes deben
»mostrarse agradecidos pues ha
»procurado con retratos y elo-
»gios eternizar sus nombres, que
»siempre la poesía y la pintura
»se prestaron los conceptos.»

Pasó tambien PACHECO á Toledo, donde se encontraba Dominico Theotocópuli, llamado entónces y despues *el Greco*, con deseo sin duda, de conocer su singular estilo, y luégo se dirigió al Escorial para estudiar las riquezas artísticas allí reunidas.

De todos estos pasos hay referencias en el *Arte de la pintura*.

Á su vuelta á Sevilla modificó PACHECO su estilo. Conservando siempre igual severidad y conciencia en el dibujo, estudiando contínuamente el natural, hasta para los menores accidentes, dió mayor importancia que ántes al colorido, se permitió otra variedad y riqueza en las tintas, y aprovechó en cuanto pudo las lecciones de los maestros cuyas obras habia estudiado.

Á este tiempo se refieren sus mejores lienzos. Entónces pintó el *San Miguel*, que existe en la iglesia de San Alberto, la hermosísima *Concepcion* y otros cuadros para la parroquial de San Lorenzo, y emprendió la composicion del *Juicio final*, obra magnífica muy celebrada en su tiempo, y que hoy sostiene todavía á grande altura en París, donde se encuentra, el nombre del artista que la ejecutó. (1)

Tambien dejó consignados en su libro algunos pormenores y recuerdos

---

(1) Este magnífico cuadro fué arrancando de su lugar, que era en el altar de la Iglesia del convento de Santa Isabel, durante la permanencia del mariscal Soult en Sevilla. Informes de un testigo presencial permiten asegurar que el indivíduo encargado de recojerlo entró en la Iglesia llevando en la mano un tomo del *Diccionario histórico de los mas ilustres profesores de bellas artes* de Cean Bermudez, y despues de examinar el cuadro leyendo al par la descripcion, subió sobre el altar y cortó el lienzo con una navajilla.—Perdido estuvo el cuadro y sin saberse su paradero durante largos

del segundo viaje que hizo á Madrid en 1623 acompañando á Diego Velazquez, su yerno.

Si Pacheco hubiera estado en Italia, si hubiera podido admirar en sus originales las creaciones de Miguel Angel y de Rafael, ciertamente no hubiera dejado de decirlo una y mil veces en su *Arte*, estimulando á todos los pintores á que siguieran su ejemplo.

---

años; pero en el de 1862 se distribuyó en Paris un folleto en que se anunciaba su próxima venta. El titulo era este:

*Notice
sur le grand tableau
du
Jugement universel
chef-d' œuvre de François Pacheco
peintre espagnol, de l' ecole de Seville,
Par M. L' Abbé C. Martin.*

En él se recopilaban la biografia del artista, las noticias y descripcion del cuadro y sus particularidades y Apologias. Apesar de todo no llegó á venderse entónces, y en el año de 1868, el autor de estos *Apuntes* estuvo en tratos para su adquisicion, pero no habiendo sido posible obtenerla se limitó á hacer que se sacase un calco del retrato de *Pacheco* que en el mismo figura, cuyo dibujo hecho por Mr. A. Bocourt sirvió para el grabado que se publicó en el tomo VII de *El Arte en España*.

Con este silencio bastaba para comprender que Pacheco nunca estuvo fuera de España; pero hay prueba más directa.

Á la pág. 243, del *Arte de la pintura*, dice, combatiendo una opinion del Greco:

«Así que en el debujo del desnudo »ciertamente yo seguiria á Micael An- »gel, como á más principal, i en lo »restante del historiado, gracia i com- »posicion de las figuras, bizarría de »trajes, decoro i propiedad á Rafael de »Urbino. Á quien (por oculta fuerza de »naturaleza) desde mis tiernos años he »procurado siempre imitar, movido de »las bellísimas invenciones suyas. Y de »un papel original de la escuela de su »mano de aguada (que vino á mis ma- »nos i he conservado conmigo muchos »años á) debujado con maravillosa des- »treza i hermosura.»

Dá lugar á la cuestion segunda, más grave y difícil que la primera, cierto preciosísimo cuadro que se guarda en la galería que formó el Sr. D. Manuel Lopez Cepero, Dean de la Santa Iglesia de Sevilla, y hoy conservan sus sobrinos, herederos de su apellido y fortuna así como de su esquisito gusto artístico.

Es una tabla de setenta y dos centímetros de alto, por cincuenta y cuatro de ancho, representa la *calle de la Amargura*, y tiene esta fecha y firma: FRANCISCO PACHECO fecit, año 1589.

Para calificacion de su mérito y estilo únicamente diremos, que el señor Cepero tuvo cubierta con una tarjeta, durante mucho tiempo la firma del precioso cuadro, y así lo mostraba á los muchos estranjeros intelijentes que visitaban su coleccion. Hubo quien lo estimó por la más perfecta obra de Luis de Vargas, quien lo juzgó pintura de Julio Romano; algunos hasta llegaron á creerlo del mismo Rafael. Tal es la correccion de su dibujo, lo perfecto de su ejecucion.

Pacheco en 1589, tenía 15 años ó poco más. Conocemos obras suyas firmadas y fechadas en 1599, en 1600, en 1611 y 1630, cuando la edad y los estudios habian perfeccionado su injenio, cuando su mano estaba más segura y ejercitada. Ninguno de sus lienzos llega, ni aún de léjos, á competir con esa *calle de la Amargura* fechada en 1589; ninguno se asemeja á su estilo.

¿Es esto posible? Y si no lo es, ¿quién fué el autor de ese cuadro? ¿Por qué lleva el nombre de Francisco Pacheco?

Es muy digna de notarse una circunstancia que hemos descubierto examinando de nuevo y prolijamente la preciosa tabla. Ésta, por el respaldo se encuentra pintada de un color oscuro y con letras más claras, y cuya forma parece ser del siglo XVII, tiene escritos dos renglones que dicen así:

Esta pintura es enteramente igual á otra de Luis de Vargas que se vé en las gradas de la Catedral.

Y con efecto, sobre la capilla de Nuestra Señora de la antigua, que está en las Gradas por la parte del Norte de la iglesia, hay un retablo en cuyas puertas se encuentran pintadas las principales figuras de aquel cuadro, en tamaño natural y por mano del citado Luis de Vargas.

Mil conjeturas se han formado para esplicar aquella estraña firma, y todas ha sido preciso desecharlas, unas en pós de otras.

Apuntarémos una solamente, que resiste más el análisis; pero sin pretender, ni áun remotamente, darla viso alguno de certeza.

Hombre muy docto, de educacion esmeradísima, de talento nada comun y de esquisito gusto, era el canónigo *Francisco Pacheco*, tio carnal del pintor, que se formó á su lado, segun dejamos dicho. ¿Pintaba tal vez el canónigo desde su juventud, aunque solamente lo hiciera por aficion y recreo?

¿Recibiria lecciones y consejos del eminente Luis de Vargas cuando este regresó á Sevilla, despues de haber estudiado profundamente en Italia con Perin del Vaga, y en las obras del mismo Rafael? ¿Emprenderia entonces esa *calle de la Amargura* bajo la direccion de Vargas? ¿Concluiria este y perfeccionaria el cuadro?

De este modo se esplicaria la firma que dice Francisco Pacheco, en castellano, cosa que no se sabe hiciera jamás nuestro autor; y se esplicaria tambien esa fecha, que convendria mejor á la edad avanzada del canónigo, que á la juvenil de su sobrino.

No aspiramos á decidir la cuestion. La hemos planteado, y hacemos votos porque otros más felices, ó con mejores datos, nos den la palabra que sirva para decifrar ese, que para nosotros es un enigma.

IV.

NOTICIAS DE LA EXISTENCIA Y OBJETO DEL LIBRO DE RETRATOS.

Era la casa de Pacheco cárcel dorada del Arte, academia y escuela de los mayores injenios de Sevilla, al decir de D. Antonio Palomino. Reuniase en ella una tertulia artística y literaria á un tiempo, á la que concurrian con frecuencia los más insignes oradores sagrados de aquellos dias y los poetas de mayor estro y más alegre inspiracion. Alguna vez, aparecieron en ella Lope de Vega ó Cervántes, Pablo de Céspedes y Vicente Espinel; pero por lo comun formaban la reunion los hijos más ilustres de Sevilla.

Allí se debatian en amigable controversia los más delicados puntos del Arte; allí se consultaban las obras preparadas para salir al público.

Tal vez, en pós de algun párrafo de la severa prosa del P. Valderrama, se escuchó en aquella artística sociedad la primera lectura de *Rinconete y Cortadillo*, ó de alguno de los *Descansos* del Escudero Márcos de Obregon; tras de una *Oda* de Fernando de Herrera, se leerian allí algunos picarescos *refranes glosados* por el Maestro Mal-lara, ó alguna zumbona letrilla de Baltasar del Alcázar ó de D. Juan de Salinas y Castro.

Francisco Pacheco, al ver llegar á su reunion tantos varones notables, tuvo la feliz idea de irlos retratando unos despues de otros, y la delicada atencion de añadir á cada imájen un resúmen ó elojio, en el cual daba noticias de la vida y de las obras del personaje.

De este pensamiento, que comenzó á poner en ejecucion siendo todavía muy jóven, en el año 1599, y que prosiguió constantemente por más de cincuenta años, dejó noticia bastante clara y circunstanciada en su citado libro del *Arte de la pintura*. Habla en él doctamente de las cualidades de los retratos, cita célebres artistas y valientes cuadros, y añade (pág. 437): «Haré memoria de »los mios, de lápiz negro i rojo (si es »permitido), tomando por principal in- »tento entresacar de todos hasta ciento, »eminentes en todas facultades; hur- »tando para esto el tiempo que otros »dan á recreaciones: peleando por ven- »cer las dificultades de luces i perfiles, »como entretenimiento libre de obliga- »cion; bien pasarán de ciento i setenta »los de hasta aquí, atreviéndome á ha- »zer algunos de mujeres. De su calidad »podrán hablar otros cuando desapa- »rezcan estas vanas sombras.»

Por comentario á estas palabras del autor, debemos hacer algunas lijeras indicaciones.

Era el *Libro de descripcion de verdaderos retratos* la obra predilecta del docto y concienzudo Pacheco: á él destinaba los retratos más sobresalientes, los de personajes más notables. Peleaba el autor por vencer en sus dibujos á dos lápices las graves dificultades de la luz y las sombras; y convencido y satisfecho así del mérito artístico de su trabajo, como de la gran importancia que alcanzaría andando los tiempos, se sometia al fallo imparcial é inapelable de la posteridad.

¡Con cuánta modestia y sencillez se queja el eminente artista de las injustas censuras con que le abrumaban sus contemporáneos! Tal decia, que mal podria Pacheco haber enseñado á Velazquez, valiendo tanto el discípulo y tan poco el maestro: tal otro le criticaba su excesiva severidad en el dibujo y la poca riqueza de colorido, escribiendo á los piés de un crucifijo pintado de su mano aquella conocida redondilla:

¿Quién os puso así, Señor,
Tan descarnado y tan seco?
Vos me direis que el amor,
Y yo digo que Pacheco.

«De su calidad podrán hablar otros »cuando desaparezcan estas vanas som- »bras.» Hé aquí la única respuesta del sábio injustamente ultrajado. «Con mi »muerte callará la envidia y se hará »justicia á mis trabajos.»

Pongamos fin á esta digresion y continuemos en nuestro propósito.

La existencia del *Libro de retratos* consta de las palabras mismas del autor.

De su principio debió ser causa, además de lo notable y numeroso de su tertulia, como ántes indicamos, el fallecimiento del Rey Don Felipe II, que años ántes habia visitado la ciudad de Sevilla.

Pacheco, que yá tenia concebido su plan, se determinó á darle principio con tan egrejio retrato, que tomaria al vuelo en las diversas ocasiones en que pudo ver al Rey, y pensó colocarlo á la cabeza de la obra (aunque hoy no ocupa ese distinguido lugar), segun lo dicen claramente las palabras con que comienza el elojio. Dicen así:

«Aviendo de dar principio á esta »obra, fué necesario para la califica- »cion, autoridad i conservacion della »(pues avia de ser una general descrip- »cion de memorables varones), que em- »pezase por el gran Monarca D. Filipo »de Austria, segundo deste nombre, fe- »licísimo Rey de España, i Señor nues- »tro, que á la sazon reinava.»

Animado con esta idea, trazó la portada de su obra al año siguiente de la muerte del Monarca, y la dió título.

Figura un elegante medallon, sobre el cual tiende sus alas la Fama; á los lados Hércules y César, reputados fundadores de Sevilla; en la parte inferior un anciano apoyado sobre la urna, y al otro lado una matrona hermosa coronada de torres, con un perro (signo de fidelidad) echado á sus piés, y algunos niños. El anciano simboliza el Padre Betis; la matrona á Sevilla; los niños á sus hijos ilustres. En el centro del medallon se lee:

**LIBRO
DE DESCRIPCION
DE VERDADEROS RETRATOS, DE
ILUSTRES Y MEMORABLES
VARONES
POR
FRANCISCO PACHECO.
EN SEVILLA
1599.**

Formaba el autor los dibujos en un papel muy fino de ocho pulgadas españolas de alto por seis de ancho, sin duda con el intento de poderlos corregir y variar repetidas veces; y los que merecian su aprobacion eran pegados luégo en la hoja correspondiente del *Libro* y adornados con una preciosa orla, á cuyo pié se escribia el nombre del personaje y despues su *elogio*.

Aumentándose cada dia, crecia en importancia el manuscrito, que PACHECO guardaba como preciosa joya (1), y del cual se valia en ocasiones para ilustrar las obras de sus más apreciados amigos. Por ellos hizo el sacrificio de publicar algun que otro retrato. Véanse las noticias que sobre esto ha podido allegar el colector.

Concurrente á la tertulia artística y literaria que se formaba en el taller de FRANCISCO PACHECO, era el célebre predicador agustiniano Fray Pedro de Valderrama, que, entre otras obras, escribió unos *Ejercicios espirituales para todos los dias de la Cuaresma*, que

---

(1) Para conocer todo el aprecio que tenia *Pacheco* á su *Libro de retratos*, todo el interés que le consagraba, basta la lectura de la nota que puso al fin del *elogio* del maestro Fray Fernando Suarez, que dice asi:

«Advierto que este Elogio con estos versos se ha copiado »dos vezes á instancia de algunos padres graves de su Religion, »i se ha llevado á Madrid, porque si se viere impreso antes »en nombre de otro autor, se tenga este por el primer original.»

se publicaron por primera vez en Sevilla, en 1602. Multiplicáronse las ediciones de esta obra, acojida con estraordinaria aceptacion, repitiéndose en Barcelona, Zaragoza y Lisboa; y yá en el año 1611, se preparó por Juan García, mercader de libros de Salamanca, una buena edicion en fólio, que se estampó en las prensas de Francisco de Cea Tessa. A esta edicion acompañó por primera vez (y única que sepamos) el retrato del eminente orador dibujado por Francisco Pacheco y grabado por Francisco Heylan, copiado exactamente del que aquel habia hecho para su *Libro*.

D. Juan A. Cean Bermudez, vió este grabado fuera de su lugar, y habló de él en su *Diccionario de los profesores de bellas artes*, en la vida de Heylan, como retrato de un relijioso agustino sin nombre, porque en efecto no lo tiene en la lámina.

Amigo y admirador de Fernando de

Herrera, verdadero maestro de la escuela sevillana de poesía, y astro brillante, cuya luz se difundia por toda España, quiso PACHECO honrar su memoria reuniendo en un cuerpo sus mejores composiciones, que no le satisfacia por lo diminuto el volúmen que en vida de Herrera (1582) se publicó, y en el que tal vez por buenos respetos, ó por escrúpulos del autor, se habian omitido muchas poesías, que estaban á punto de perderse, corriendo en pésimas copias entre los aficionados.

Publicó PACHECO su edicion en Sevilla, impresa por Gabriel Ramos Vejarano, en el año 1619; y la ilustró con un lijero prólogo y un precioso soneto, y con el retrato del celebrado vate andaluz.

Hoy que, por fortuna, podrán conocer los eruditos una gran parte del *Libro de retratos*, entre los que se conservan el de Fray Pedro de Valderrama y el de Fernando de Herrera, se puede asegurar que PACHECO tomó de aquel *Libro* ámbos retratos, reduciéndolos á la escala que necesitaban las ediciones á que habian de acompañar.

Vehementes sospechas tengo de que tambien se publicase en vida de PACHECO el retrato del P. Luis del Alcázar, docto jesuita, tio del festivo poeta Baltasar; y me induce á creerlo así la observacion de que los retratos que de él he visto, tanto en la Biblioteca colombina como en otros lugares, tienen indudable parecido con el que se conserva en el *Libro*, siendo iguales la posicion del cuerpo y la de la cabeza. Pero es sospecha, que no he podido convertir en certeza.

V.

EL LIBRO DESPUES DE LA MUERTE DE SU AUTOR.

La tertulia de PACHECO se deshizo á la muerte del reputado artista. Pero quedó imperecedero recuerdo de la reunion en aquel *Libro de descripcion de verdaderos retratos de ilustres y memorables varones.*

El *Libro*, sin embargo, no estaba concluido. PACHECO se habia ocupado de él con singular afecto hasta sus últimos dias; pero no habia podido darle fin. Abundan las razones para demostrarlo.

En primer lugar, porque hay várias retratos, unos sin nombre, otros sin orla; y otros con nombre y orla, y sin *Elogio,* aunque conservan á continuacion la hoja en blanco destinada á contenerlo. Hasta puede señalarse el *Elogio* en que se ocupó PACHECO poco tiempo ántes de morir, que es el de *D. Manuel Sarmiento de Mendoza,* el cual está sin concluir, quedando suspendido el período y sin terminar ni áun la frase.

Pero ¿cuál fué la suerte de aquel precioso manuscrito, tan estimado por su autor, despues del fallecimiento de éste?

Para indagarla, se lanzaron los eruditos á rejistrar los más célebres historiadores de la ciudad de Sevilla. ¡Pero con qué criterio!

Rodrigo Caro, el docto anticuario, dejó manuscrito y sin concluir un libro que habia intitulado: «*Claros varones* »*en letras, naturales de la ciudad de* »*Sevilla,*» en el cual hizo propósito de reunir, como lo dice en el prólogo, «una »breve sinopsis ó catálogo, de aquellos »cuyos ingenios fabricaron para sí con

»ilustres obras monumentos más firmes
»y durables que la dureza del bronce.»

Á este libro inédito acudieron los investigadores, despreciando otros que andaban impresos, y de él sacaron esta noticia:

«Pintó PACHECO las imágenes de los »varones ilustres que él habia conoci- »do, lo cual alcanzó con su larga edad, »poniendo á cada una un Elogio, las »cuales pintadas y encuadernadas en »un volúmen remitió al Conde Duque »de Olivares, D. Gaspar de Guzman, que »lo puso en su librería.»

Yá está manifiesta la suerte del *Libro* que refirió PACHECO en su *Arte de la pintura* iba formando con los retratos, dijeron los eruditos, y la noticia del regalo al Conde Duque, como dada por un autor contemporáneo y tan amigo de PACHECO como lo era Rodrigo Caro, voló sin contradiccion.

Y es en verdad estraño, que ninguno de los doctos que citan el pasaje de Caro, haya conocido que *ni es, ni puede ser suyo*, y por lo tanto no merece el crédito que ha querido dársele.

Por el contesto se conoce desde luego que ese párrafo está escrito despues de la muerte de Pacheco, y por eso se dice, usando los verbos en tiempo pasado, que *pintó* las imájenes de los varones ilustres *que él habia conocido*, declarando con claridad que yá entónces no existia; y corroborándolo despues al añadir, *lo cual alcanzó con su larga edad*.

Ahora bien, Rodrigo Caro falleció el 10 de Agosto de 1647, y Pacheco en 1654; luego el párrafo que se escribió despues de la muerte del segundo, no puede ser obra del primero.

Y para que de esto no quede duda alguna, hay otras dos pruebas.

Es la primera: que ántes de ese párrafo, que por desgracia ha logrado tanto crédito entre nuestros eruditos, está otro, en el que se dice:

«Escribió:

«*Arte de la pintura*, su antigüedad y
»grandezas. *Imprimióse* en Sevilla, año
»de 1649, en 4.°, por Simon Faxardo.»

Mal podria escribir esto Rodrigo Caro, muerto en 1647.

La segunda prueba no es ménos decisiva. Por el pasaje que ántes copiamos, tomándolo del *Arte de la pintura*, vemos que Pacheco en aquella época todavía iba haciendo sus retratos, *tomando por principal intento entresacar de todos hasta ciento;* es decir, que en 1649, todavía estaba en intento aquella obra, que no se habia concluido, y que se ocupaba el autor en llevarla á término.

El Conde-Duque, cayó de su valimento en 23 de Enero de 1643, y falleció en 22 de Julio de 1645; luego no pudo Pacheco hacerle obsequio con su libro.

Si hubo, pues, un autor, que escribió la noticia de que Pacheco habia reunido sus *retratos y elogios*, y los habia regalado á D. Gáspar de Guzman, conste que no fué Rodrigo Caro quien lo dijo, ni autor contemporáneo del suceso quien tal aseguró.

Ese soñado regalo, debió ser la primera conjetura que formaron los curiosos acerca del paradero de ese *Libro de retratos*, que desapareció desde el punto en que la muerte arrebató á Pacheco. D. Nicolás Antonio prohijó la noticia, y le dió cabida en su *Biblioteca hispana*, haciéndola así más jeneral y admitida, pero en verdad se puede asegurar que nunca el *Libro de retratos* llegó á salir de las manos de Pacheco.

La verdadera suerte de ese precioso manuscrito fué, sin duda, la que indicó el dilijente D. Diego Ortiz de Zúñiga, en su excelente obra *Anales eclesiásticos y seculares* de la muy noble ciudad de Sevilla. Madrid: Imprenta Real, por Juan García Infanzon, año de 1677.

«Francisco Pacheco, dice (año 1598, »pág. 588), sobrino del canónigo, pin»tor excelente en el dibujo y docto en

»buenas letras, escribió para los de su
»arte el de la pintura, y iba formando
»un libro de retratos y elogios de per-
»sonas notables de Sevilla, con elogios
»y breves compendios de sus vidas, de
»que *he visto y tenido algunos*. Perdió-
»se en su muerte dividiéndose en varios
»aficionados.»

Á esta noticia de un testigo de *vista*, se le dió ménos crédito que á la otra atribuida á Rodrigo Caro. Sin embargo, Zúñiga es quien nos dice la verdad.

Pero, se preguntará al llegar á este punto, si el *Libro de retratos* se ocultó á la muerte de PACHECO, ¿quiénes fueron los que lo arrebataron? ¿Dónde se ha conservado intacto ese considerable fragmento que hoy sale á luz?

A semejante interrogacion, sólo puede contestarse con una conjetura que tiene algunas presunciones á su favor.

Los contertulios de PACHECO, fueron los que se apoderaron del *Libro de retratos;* el fragmento que hoy se publica, fué á parar á las manos de algun religioso que lo colocó en la Biblioteca de su convento. El estado de conservacion en que hoy se encuentran los retratos, dá cierta fuerza á esta hipótesis. Pero hay alguna prueba más.

Nueve años despues de la muerte de PACHECO, cuando yá los retratos eran cosa perdida, salió á luz en Málaga un libro intitulado:

VIDA,
VIRTUDES Y DONES SOBERANOS
DEL VENERABLE Y APOSTÓLICO PADRE HERNANDO
DE MATA, CON ELOGIOS
DE SUS PRINCIPALES DISCÍPULOS.—
POR FRAY PEDRO DE JESÚS MARÍA,
MONGE DE LA CONGREGACION REFORMADA
DEL ÓRDEN DE SAN BASILIO MAGNO,
DEL YERMO DEL TARDON.—
DEDICADO AL MISTERIO
DE LA INMACULADA CONCEPCION
DE MARÍA SANTÍSIMA
NTRA. SEÑORA.

Con licencia: en Málaga, por Mateo Lopez Hidalgo. Este año de 1663.

Es un tomo en 4.º español, impreso á dos columnas, y lleva al frente el re-

trato del venerable Padre, copiado del último que existe en el *Libro de descripcion de verdaderos retratos*. Es un grabado harto infeliz, á cuyo pié se lee:=
D. Obregon escud.=En Madrid, año 1658.

Pero hay más todavía. Al cap. 4.º, fól. 6 de esa obra, se habla del P. Rodrigo Alvarez, de la Compañia de Jesus, y se inserta, copiado á la letra, el *Elogio* escrito por Francisco Pacheco, diciendo:

«Trasladaré por más breve, el Elo»gio en que epilogó su vida y virtudes »en su *Libro de varones insignes*, Fran»cisco Pacheco, Apeles de nuestro siglo, »tan conocido por su pincel como por »su piedad, que por largo tiempo trató »al Padre.»

Al finalizar el *Elogio* dice:

«Hasta aquí este varon pio, y buen »poeta, y excelentísimo pintor.»

Más adelante, al fól. 104, cap. 16, último del libro 3.º de los cuatro en que se divide la obra, principia así:

«Elogio en que Francisco Pacheco, »pintor insigne, epilogó la vida, virtu- »des y dones del Venerable y Apostó- »lico varon el P. Hernando de Mata.

»Tan conocido en toda España fué »Francisco Pacheco por su raro pincel, »como en su pátria, Sevilla, por su aven- »tajado ingenio y virtud. Remató este »excelente pintor los años de su vida, »sacando á luz un insigne libro de la »pintura y otro de varones insignes de »aquella gran ciudad, en que con el di- »bujo de su imágen ó retrato, dá una »breve noticia de su dueño, formando »en cifra un *Elogio* de sus alabanzas. »El que compuso del Venerable P. Her- »nando de Mata (inmediato al de su »maestro el P. Rodrigo Alvarez) es el »siguiente:»

Y se copia tambien testualmente. Mas ni en el uno ni en el otro se habla del poseedor del orijinal que se copiaba, ni se dice dónde existia éste á la sazon.

Por estas circunstancias no creemos que seria aventurado el asegurar, que este fragmento de cincuenta y seis retratos, entre los que se encuentran los del P. Rodrigo Alvarez y el venerable Hernando de Mata, paró en una casa de relijiosos.

. . . .

Grande laguna se encuentra desde la publicacion de la vida del P. Hernando de Mata en 1663, pues no tenemos noticia alguna del paradero del *Libro de retratos*, ni de sus fragmentos hasta el año de 1827.

En ese largo período habia publicado su obra intitulada *Museo pictórico y escala óptica*, D. Antonio Palomino y Velasco (Madrid: por la viuda de Juan García Infanzon: 1724) y aunque consagró un volúmen entero á las *vidas de eminentes pintores españoles*, investigando con prolijo esmero muchas y muy curiosas noticias, nada dijo en la vida de FRANCISCO PACHECO de la existencia del *Libro de retratos;* que muy oculto debia de andar cuando no lo descubrió su dilijencia.

Igual observacion es aplicable á la preciosa obra de D. Juan A. Cean Bermudez, *Diccionario histórico de los más ilustres profesores de las bellas artes en España* (Madrid: por la viuda de don Joaquin Ibarra, año de 1800); pues aunque en el artículo consagrado á Pacheco dice que: «pasaron de ciento y »setenta los (retratos) que ejecutó de »lápiz negro y rojo, de sujetos de mé- »rito y fama;» lo exiguo de la noticia y el no hacer mencion de los *Elogios*, basta para que se comprenda que no habia llegado á ver aquellos retratos.

Desde el año 1654, fecha de la muerte de Francisco Pacheco hasta principios de nuestro siglo, nadie habia logrado ver el *Libro de descripcion de verdaderos retratos de ilustres y memorables varones.*

VI.

NOTICIAS Y DUDAS.

Poco tiempo habia pasado despues de la publicacion del *Diccionario* de Cean Bermudez, cuando principió á hablarse, aunque vagamente, de la obra inédita de Pacheco.

¿Fué tal vez porque algun curioso alcanzó á ver en la Biblioteca, donde se encontraban, los retratos que luégo han parecido? ¿O fué quizá porque habian salido de su encierro y pasado á manos que los estimaban en su justo valor?

No es fácil que se pudiera dar hoy satisfactoria respuesta á estas preguntas. Lo que hay de indudable, es, que durante ese dilatado período de tiempo en que los retratos estuvieron ocultos, hubo quien trató de conservarlos encuadernándolos en un volúmen en pasta, y salvando así de pérdida ó estravío aquellos inestimables cuadernos.

Sin embargo, repetimos, que sea por una ó por otra causa se principiaba á hablar en los círculos literarios de España del *Libro* de FRANCISCO PACHECO.

Pero lo que por primera vez se publicó, dando yá idea de que el libro era conocido, aunque sin nombrarlo, es necesario buscarlo en el año 1829. Salió entónces á luz la obra titulada:

NOTICIAS DE LOS ARQUITECTOS
Y DE LA ARQUITECTURA EN ESPAÑA
DESDE SU RESTAURACION,
POR EL EXCMO.
SEÑOR DON EUGENIO LLAGUNO DE AMIROLA,
ILUSTRADAS Y AUMENTADAS CON NOTAS,
ADICIONES Y DOCUMENTOS
POR DON JUAN A. CEAN BERMUDEZ,
CENSOR DE LA REAL ACADEMIA
DE LA HISTORIA,
CONSILIARIO DE LA DE SAN FERNANDO
Y INDIVIDUO DE OTRAS DE LAS BELLAS ARTES.
—DE ÓRDEN DE S. M.—
MADRID: EN LA IMPRENTA REAL,
AÑO DE 1829.

En el tomo 3.º, á la pág. 164, se contienen algunas noticias sobre Juan de

Oviedo, maestro mayor y jurado de la ciudad de Sevilla. En los documentos del mismo tomo, pág. 368, núm. 31, se inserta la vida del mismo, *escrita*, se dice, por el erudito pintor Francisco Pacheco; y en efecto, es copia exacta del *Elogio* que éste puso á continuacion del retrato del ilustre arquitecto.

Ya vimos que D. Juan A. Cean Bermudez, en su *Diccionario*, apénas habló de los retratos dibujados por Pacheco y nada dijo del *Libro de retratos y biografías*. ¿Dónde adquirió despues el *Elogio* de Juan de Oviedo? ¿Quién poseia aquel libro en el año de 1829? Ni una palabra se dice sobre esto en toda la obra de Llaguno y Amirola.

A pesar de ese silencio, tenemos un dato seguro para afirmar que en el año de 1829 habia yá dos, por lo menos, que el *Libro de retratos* se encontraba en poder de D. Vicente Avilés, hombre muy aficionado á curiosidades, y médico que habia fijado su residencia en la villa de Fuentes de Andalucía.

El dato á que aludimos es, que el dicho D. Vicente habia presentado á la Real Academia sevillana de Buenas Letras, una *Memoria biográfica* del poeta Baltasar del Alcázar, copiando casi en su totalidad el *Elogio* que escribió FRANCISCO PACHECO.

¿Dónde habia adquirido el D. Vicente Avilés el *Libro de descripcion de verdaderos retratos de ilustres y memorables varones*? ¿Habia mucho tiempo que lo poseia cuando presentó su *Memoria* á la Academia de Buenas Letras?

No podrémos decirlo con exactitud. El D. Vicente, cuando presentó en la Academia su biografía de Alcázar, que tiene fecha de 4 de Diciembre de 1827, (1) nada dijo del manuscrito de donde habia copiado sus noticias, y solamente habló de él, aunque siempre de un modo

---

(1) Véase el Apéndice número 1.º

vago é indeciso, despues de ver censurado su trabajo por el docto D. Justino Matute y Gaviria. Una noticia vaga, aunque comunicada por persona que trató mucho á Avilés, nos indica que habia recojido el libro en el año de 1820, de otro amigo suyo que lo poseia desde que los franceses habian estado en Sevilla, el año de 1808.

La Real Academia de la Historia tuvo, poco tiempo despues de la publicacion de la obra de Llaguno y Amirola, una prueba indudable de la existencia del libro de PACHECO.

En 4 de Junio de 1830, fué nombrado sócio correspondiente de aquella corporacion el médico de Fuentes de Andalucía, D. Vicente Avilés. Agradecido éste, sin duda, á tan honrosa distincion, cortó del *Libro de retratos* el de Benito Arias Montano, y lo envió á Madrid para que con él se ilustrase el *Elogio histórico* que habia escrito D. Tomás José Gonzalez Carvajal y que está inserto en el tomo VII de las *Memorias* de la Academia (1).

El retrato orijinal estuvo en Madrid; fué litografiado por C. Rodriguez y estampado en el Real Establecimiento tipográfico. Despues volvió á poder de su dueño, y cortado estaba cuando adquirió el *Libro* el autor de estos *Apuntes*.

Y es digno de llamar la atencion el concepto que la ilustre corporacion estampó en el *Resúmen de las actas desde el año de 1821 hasta concluido el de 1831*, que se inserta al principio del mencionado tomo VII de las *Memorias*.

«Por otro conducto muy diverso (se »dice) ha adquirido la Academia la »noticia de que el maestro *Leon (Fray* »*Luis)* cultivó tambien el Arte de »la pintura. Así lo espresó el famoso »pintor sevillano *Francisco Pacheco* en

---

(2) Asi consta de *Nota* escrita de puño y letra de Avilés que se encuentra todavia dentro del *Libro de retratos*.

»el *Elogio* que puso al pié de su retrato, »entre otros que dibujó y existen en la »coleccion que presentó al Conde Duque »de Olivares, y conserva orijinal nues- »tro indivíduo correspondiente, D. Vi- »cente Avilés, médico de la villa de »Fuentes en la provincia de Sevilla.»

Cuando tan esplícita se muestra la Academia al dar la noticia de que Fray Luis de Leon habia sido aficionado al Arte divino de Apeles y de Murillo, se hace más estraño el silencio que se guarda acerca del oríjen y procedencia del retrato de Arias Montano, que vá incluido en el mismo tomo.

. . . .

Por este mismo tiempo, y aún algunos años ántes, anduvo tambien por Madrid, si hemos de dar crédito á las noticias que acerca de esto se conservan, otro cuaderno de los várIos en que, al decir de D. Diego Ortiz y Zúñiga, se dividió la obra de PACHECO.

En el *Semanario pintoresco español*,

número correspondiente al 16 de Marzo de 1845, se publicó una biografía del poeta Francisco Lopez de Zárate (á quien *Cervántes* mostró tanta estimacion al fin de *Los trabajos de Persiles y Sijismunda*), escrita por D. Eustaquio Fernandez de Navarrete é ilustrada con un retrato desconocido hasta entónces. Al finalizar la biografía decia Navarrete:

«El retrato de Zárate hízolo trasla»dar á Goya en lápiz D. Martin Fer»nandez Navarrete, *de uno de los cua»dernos del libro de* PACHECO, en que re»trató á todos los hombres célebres de »su tiempo: *no sabiéndose yá dónde pá»ra aquel cuaderno,* no será extraño que »hoy dia fuese el hecho por Goya el úni»co retrato que se conservase de Zára»te. Por este motivo, temiendo que el »lápiz se borrase, lo hicimos trasladar »en tinta de china por el profesor de la »Academia de S. Fernando, D. Benito »Saez, quien lo hizo con toda exactitud,

»y su trabajo ha servido de original al »que vá al frente de esta biografía.»

El asendereado retrato, que por tantas manos pasó, tuvo por última desgracia la de aparecer en el *Semanario* en un malísimo grabado. Su publicacion proporcionó, á pesar de todo, la noticia de ese otro cuaderno de *Libro de* Pacheco, que tuvo en su poder D. Martin Fernandez de Navarrete.

Quizá tambien de ese mismo cuaderno, hoy estraviado ó perdido, procederá el retrato del doctor Bernardo de Valbuena, que acompañó á la edicion del *Siglo de oro* y la *Grandeza mejicana*, publicada por la Academia española en el año de 1821. El retrato tiene todo el carácter de los dibujados por Pacheco. Está representado el poeta, jóven y en traje seglar; y Valbuena tocó en Sevilla á la vuelta de su primer viaje á América por los años de 1590 ó 1591, y pudo ser entónces retratado.

De este cuaderno ninguna noticia

hemos podido adquirir. Tal vez proceda de él un retrato que posee el señor D. Valentin Carderera, del cual hablarémos despues.

Mucho se hablaba del *Libro de retratos* en esta época, miéntras lo poseyó D. Vicente Avilés. Las noticias corrian en España y más aún por el extranjero. Pero muchas personas no creian que fuera el orijinal, sino una copia; otros dudaban, y solamente los que alcanzaron á verlo (bien es verdad que fueron muy pocos, porque Avilés no lo mostraba fácilmente) pudieron convencerse de que se habia salvado este inapreciable monumento literario.

Avilés facilitó copia de várias *Elojios* á D. Martin Fernandez de Navarrete, los cuales fueron publicados, despues de la muerte de éste, por D. Luis Villanueva, en los años de 1844 y 1845, en el *Semanario pintoresco*, bajo el título de *El Album de Francisco Pacheco*.

Los *Elojios* publicados por Villanueva, fueron:

Fray Luis de Leon. (Noviembre de 1844.)

Pedro Mejía. (Diciembre de idem.)
Juan de Mal-lara. (Febrero de 1845.)
Juan de Oviedo. (Julio de idem.)

Y en Setiembre del mismo año de 1845 publicó un fragmento del *Elogio* de Fernando de Herrera, diciendo: «Es»te es el único fragmento que podemos »ofrecer á nuestros lectores de la inte»resante obra de Francisco Pacheco, »porque si bien es verdad que aún »poseemos el *Elogio* de Arias Monta»no, como yá nos hemos ocupado de »su biografía, lo creemos de todo punto inútil.»

Tambien dió D. Vicente Avilés el *Elojio* de Pablo de Céspedes, el de Pedro Mejía, la *Memoria biográfica* de Alcázar, y otra escrita por él, del Jurado Juan de Oviedo, en la *Floresta andaluza*, periódico literario que empezó á publicarse en Sevilla el 1.º de Abril de 1843 (1).

De *Elogios* fué pródigo Avilés, y permitió la publicacion de muchos, segun hemos visto; de *retratos* no sabemos que diera copia más que del de Benito Arias Montano. En cuanto á mostrar el orijinal de PACHECO á los aficionados, nos dicen que fué muy circunspecto. Únicamente sabemos de D. Serafin Estévanez Calderon, que, viniendo de jefe político á Sevilla, se detuvo en Fuentes; y de D. Francisco Iribarren, distinguido jurisconsulto de esta ciudad y natural de aquel pueblo, que puedan dar noticia de haber visto el *Libro de retratos*, miéntras lo poseyó el D. Vicente.

En el año de 1839, y sin que se sepa con qué objeto, aunque se sospecha, hizo Avilés que el profesor de instruc-

---

(1) Entre los preliminares del tomo XXI de la *Biblioteca de autores españoles*, I de *Historiadores de sucesos particulares*, incluyó el Sr. D. Cayetano Rossell el *Elogio* de Pedro Mejia.

cion primaria de Fuentes de Andalucía le sacase una copia esacta de los *Elogios* escritos por Pacheco; y poco tiempo despues desapareció el orijinal, y se perdió su huella tan completamente, que muchas personas dudaban de que hubiera existido.

VII.

HALLAZGO Y COMPRA EN 1864.

Al fallecimiento de D. Vicente Avilés, dos aficionados de Sevilla, D. Juan José Bueno y D. Francisco de B. Palomo, emprendieron un viaje á Fuentes, con el único objeto de adquirir el *Libro de retratos*. Inútiles fueron sus pesquisas, y hubieron de contentarse con que de la copia hecha por el maestro de instruccion, se les permitiera sacar otra.

Esta copia de la copia, es la que tuvo en su poder el D. Juan J. Bueno, durante algunos años, y últimamente donó á la Real Academia de la Historia.

Curiosa ha parecido á los aficionados la historia de la desaparicion y hallazgo del preciado *libro*, y tanto, que el Sr. D. Antonio de Latour, tan conocido y respetado en la república de las letras españolas, la juzgó digna de ocupar un lugar en las columnas de la *Revista Británica* y la narró con su espresiva naturalidad en el número correspondiente al mes de Agosto de 1866.

Digno, por más de un concepto, el artículo del Sr. Latour de figurar en este trabajo, lo trasladarémos íntegro, áun á riesgo de repetir algo de lo que llevamos dicho, aprovechando la fácil y esacta traduccion hecha por el reputado novelista D. Joaquin E. Guichot, que apareció en *El Porvenir de Sevilla* del 23 y 24 de Octubre del mismo año, y fué reproducida por otros periódicos:

BIBLIOGRAFÍA.

EL LIBRO DE PACHECO.

«Tenemos una verdadera satisfaccion en traducir, de la *Revista Británica*, excelente y acreditado periódico que se publica una vez al mes en París, una parte del notable artículo que el Sr. D. Antonio de Latour dá á luz en el número correspondiente al mes de Agosto próximo pasado.

»En este artículo, el Sr. de Latour trata, con su recto criterio y profundo talento investigador, entre otras cosas relativas á la fisonomía literaria, artística, política y moral de la España de nuestros dias, de ese inapreciable manuscrito conocido por *El libro de Pacheco*, que nuestro querido é ilustrado amigo el Sr. D. José María Asensio tuvo la fortuna de encontrar despues de largas y perseverantes investigaciones.

»Dos cosas nos mueven á hacer la traduccion de la parte más importante, á nuestro juicio, del mencionado artículo: la primera, renovar en el corazon de los amantes de nuestras glorias literarias y artísticas, la indecible alegría con que recibieron la noticia del hallazgo de esa maravilla de los buenos tiempos de la Escuela Sevillana; y la segunda, pagar un tributo de agradecimiento á uno de los pocos sábios estranjeros que, al escribir de las cosas de España, lo hacen con rectitud é imparcialidad, y saben colocarse en situacion desembarazada y ponerse muy alto por encima de preocupaciones vulgares que tienden á rebajar las verdaderas y sólidas grandezas de esta nacion. El señor de Latour, en una palabra, escribe de España en España; basta esto para que con su buen juicio sepa decir la verdad.»

Dice así:

«¿Recordais ese libro inapreciable, que se creia perdido para siempre, y que, sin embargo, fué encontrado, en buen hora, por el Sr. D. José María Asensio, quien poco tiempo ántes nos habia sorprendido con el feliz hallazgo del verdadero retrato de Cervántes? Pues bien; quiero hablaros de esta preciosa coleccion de retratos y noticias históricas pertenecientes á personajes ilustres del siglo XVI, dibujados aquéllos y escritas éstas por el pintor PACHECO, el primer maestro que tuvo Velazquez, y que más tarde fué su suegro. Yo he visto este precioso manuscrito; lo he tenido entre las manos, y puedo hablaros de él con entero conocimiento de causa. Sabíase, á principios de este siglo, que existia, si no todo, al ménos una parte; pero no se sabia dónde se encontraba, ni se conocia de él más que una copia incompleta del texto. Supe que estaba al fin en poder de D. José María Asensio, y llegué á Sevilla aguijonea do por el deseo de ver esa maravilla.

»Asensio no es ciertamente uno de esos hombres, de los cuales se dice en España: *si fuera sol no calentaria á nadie;* así que, la misma satisfaccion que yo he tenido habréis de tenerla vosotros, puesto que el libro será publicado por su actual dueño, quien se ha comprometido consigo mismo y, con la memoria de Pacheco, á darlo á la estampa. Pero ¿se servirá del grabado, ó de la fotografía? Esto es lo que Asensio no ha resuelto todavía.

»El libro tiene el tamaño de fólio español y está modestamente encuadernado. Contiénense en él unos cincuenta y seis retratos y cuarenta y cuatro noticias biográficas, escritas del puño y letra de Pacheco con una perfeccion tal, que nos recuerda los grandes calígrafos del siglo XVII. Puede decirse que es una obra admirablemente *pintada*, ya se considere bajo el punto de vista literario, ya bajo el punto de vista artístico. La coleccion debió ser más numerosa, y es presumible que una parte se ha perdido, si no en vida del autor y por su voluntad, acaso poco despues de su muerte. Es notorio que Pacheco se habia propuesto elejir en su coleccion de retratos y biografías los personajes de mayor celebridad para darles cabida en el libro; y, sin embargo, faltan unas veces el retrato, otras la noticia histórica. Contentémonos con lo que ha quedado, que yá es mucho.

»Son los retratos bustos de unas ocho pulgadas de altura, de las que corresponden dos á la cabeza; cada uno está encerrado en un cuadro delineado y enriquecido con adornos dibujados á la pluma, habiendo cuidado Pacheco de que estos adornos fueran alegóricos al talento ó al carácter del personaje retratado. Los de los poetas, en particular, ostentan una corona de laurel. Encima de cada retrato se lee un versículo de la Escritura, que viene á ser un resúmen de la vida del modelo y frecuentemente un juicio acerca del mismo. Las figuras están dibujadas á dos lápices, rojo y negro, con una delicadeza que se acerca á la miniatura, y con una vivacidad tal de expresion, que, á pesar del tiempo transcurrido, conservan todas ellas los rasgos del génio que los animó. Aquellos ojos hablan todavía, á pesar de los tres siglos que han transcurrido; y de los lábios de Quevedo, por ejemplo, se espera ver salir sus agudos epígramas ó una sátira mordaz. Diríase que Fray Luis de Granada vá á leernos una pájina de sus obras inmortales, y que la profunda mirada de Fray Luis de Leon se anima inspirada con los primeros versos de su magnífica oda:

«Qué descansada vida
La del que huye el mundanal ruido.»

»Porque los retratos de estos tres célebres ingenios se encuentran en la coleccion, y en ellos se ven los verdaderos rasgos de aquellas fisonomías, que sólo conocíamos por las defectuosas copias que han llegado hasta nosotros, por más que en su orígen fuesen quizás, tomados en el libro de PACHECO.

»Cuando aconteció la muerte de *Pacheco*, el libro debia estar tocando á su fin, puesto que el título y la portada están concluidas. No obstante, áun en lo que queda de él se advierten vacíos que no pueden ser obra del tiempo; vénse biografías á medio acabar, pájinas en blanco que parecen estar esperando la pluma del autor. Hay más: hay retratos sin nombre; pero no debemos lamentarnos mucho de estas omisiones; pues Asensio es hombre muy abonado para suplirlas, y tanto, que si no me engaño, ha descifrado yá algunos de los enigmas contenidos en aquellas amarillentas fojas.

»Me parece haber dicho lo muy bastante para excitar la curiosidad de todos los aficionados á estos raros y elocuentes testimonios que dán de sí mismos un gran pueblo y una gran época. Pero debiendo satisfacer tambien la de aquellos literatos que desean saberlo todo, voy á contaros ahora la manera cómo ha sido hallado este precioso manuscrito. Éste será un cuadro de las costumbres españolas.

»Sabíase que un D. Vicente de Avilés poseia el libro de PACHECO, y que este D. Vicente habitaba en un pueblecillo de Andalucía, situado al pié de Sierra-Morena, *lugar de cuyo nombre, al ménos por ahora, no quiero acordarme,* ya sea para interesar mi relacion con un poquito de misterio, ó más bien para que la malicia humana no venga en tentacion de levantar una punta del velo que la caridad nos manda echar sobre la memoria de los muertos. ¿De qué manera habia llegado este tesoro á manos de D. Vicente Avilés? Se ignora; pero es lo más probable que lo adquiriera por herencia. D. Vicente conocia el valor de la alhaja que poseia, y en diferentes ocasiones habia estado en tratos con extranjeros para enajenarla. Pocos instantes ántes de su muerte, que fué casi repentina, hubo de decir á sus herederos (sólo tenia sobrinos) que habia ocultado en lugar seguro la porcion más preciada é importante de sus bienes; es decir, el libro de PACHECO y várias alhajas. Muerto Avilés, sus herederos registraron cuidadosamente toda la casa, sin dar con el codiciado tesoro, y tuvieron que contentarse con una copia del texto que su tio sacara por lo que pudiera suceder.

»Á la sazon llegaron al pueblo dos aficionados procedentes de Sevilla, que, ignorantes de las precauciones que tomara Avilés, se congratulaban con la esperanza de que sus herederos cederian gustosos una propiedad que valia ménos á sus ojos que un ardite de moneda antigua catalana. Mohinos y cariacontecidos quedaron al saber lo que habia sucedido con respecto al libro; empero no descorazonaron del todo, y pidieron y obtuvieron permiso para proceder á nueva búsqueda. Buscad, buscad, les dijeron, y si teneis la fortuna de encontrar, las alhajas serán para nosotros y el libro para vosotros. Aquellas buenas gentes ignoraban que la parte más valiosa del tesoro oculto, era, sin disputa, el libro.

»Como los buscadores de oro en la California, así nuestros dos aficionados sudaron agua y sangre para descubrir el codiciado *placer*. Reconocieron las paredes de la casa, levantaron las solerías, pusieron en desórden los tejados, desarmaron las cómodas, mesas y alacenas; hubieran, en fin, de buen grado vaciado las botas de vino y las tinajas de aceite á no haberles ido á la mano. Rinconete y Cortadillo, entrados duran la noche en una casa en ausencia de todos sus moradores, no la hubieran puesto á saco con más gentil desembarazo. Trabajo inútil; y todo cuanto obtuvieron de él los aficionados sevillanos, fué el permiso para sacar una copia de la copia del libro hecha por D. Vicente Avilés. De esta copia, que el señor Bueno me dió á leer en 1849, es de la que he hablado en mis primeros *Estudios sobre España*.

»El Sr. D. José María Asensio tuvo la franqueza de decirme que la lectura de lo que yo habia escrito acerca de esta copia, despertó en él el deseo de probar fortuna, intentando la empresa en que D. Juan José Bueno y su amigo habian naufragado. Os ruego no olvideis este detalle, que me proporciona la íntima satisfaccion de haber tenido una pequeña parte en el mérito del descubrimiento. No es grande, si quereis, el motivo que tengo para envanecerme; empero, modesto y todo como es mi papel, me doy por satisfecho.

»Asensio tuvo una idea feliz; esto es, que el manuscrito no habia sido hallado en la casa, por la sencilla razon de que nunca estuvo oculto en ella; en tal virtud, supuso fundadamente que fué depositado en manos de algun amigo de D. Vicente Avilés. Pero ¿dónde encontrar ese depositario que habiendo tenido tiempo sobrado para hablar, permanecia, sin embargo, silencioso? Acontece, con frecuencia, que un secreto, confiado á un hombre desleal, permanece encerrado en su corazon cual si estuviera sepultado en los abismos del mar. No obstante, persuadido Asensio de que se encontraba en buen camino, decidió no separarse de él. Á juicio suyo, las investigaciones debian practicarse en el mismo pueblo; mas ¿érale dado hacerlas en persona? ¿Cómo abandonar su bufete, sus clientes, sus negocios diarios? ¿Cómo establecerse, fuera accidentalmente, en un pueblecito donde su presencia hubiera despertado la curiosidad del vecindario, sido oríjen de infinitos comentarios, y, lo que era más de temer, despertado la desconfianza del infiel depositario, quien, en tal virtud, se hubiera puesto sobre un pié como grulla? Era, pues, necesario enviar allá un emisario discreto é inteligente; mas ¿quién? Este era el hito de la dificultad.»

»Existen en Andalucía ciertos hombres que parecen haber nacido espresamente para desempeñar misiones diplomáticas al menudeo. Hombres que no han podido terminar ninguna carrera, empero que las han empezado todas, y creádose de esta manera un caudal de conocimientos, una especie de gramática parda que los hace aptos para todo, y que les abre todas las puertas; y como la naturaleza los ha dotado, además, de muy buenos vientos, son los mejores perros para levantar todo jénero de caza. Se podria escribir un artículo de costumbres acerca de estos ajentes ó corredores de negocios al pormenor, de los cuales Fígaro es el padre lejítimo; especie de trota-conventos que andan siempre á caza de gangas, con una mano por el suelo y otra por el cielo, oliendo donde guisan, comprando y vendiéndolo todo, y que tienen la gracia particular de apuntar á la izquierda cuando quieren tirar sobre la derecha. Su vida es nómada, aparecen y desaparecen allí mismo donde menos se les espera. Viajeros incansables, recorren los pueblos y lugares, inspeccionándolo todo, trabando conversacion con todo el mundo, y siempre fija la mirada en la alhaja que lleva encima su interlocutor. Tienen un don particular para adquirir de la viuda los objetos que conserva como preciado recuerdo, y si ésta se resiste demasiado, se arreglarán de manera que dejen sumerjido el anzuelo en términos de hacer desear su regreso. Siembran á hurtadillas, pero se presentan resueltamente cuando la miés está madura.

»¡Cuántas veces el mismo que los rechazó con indignacion, los recibe más tarde con alegría, imajinándose que llegan para hacerle un beneficio! Ciertamente que se encuentran en todos los paises esta clase de hombres; pero los de Andalucía tienen una gracia particular que los hace verdaderos personajes de comedia; son hombres de negocios y buhoneros por mitad, teniendo de los primeros esa práctica sutil de las leyes y de los asuntos que embaraza al cliente, y de los segundos el arte de sorprender y enlazar la víctima para despojarla á sus anchas. Os prevengo que no es un retrato el que acabo de hacer, sino que he intentado poner en evidencia un tipo señalando sus principales caractéres.

»Ignoro de quién se valió Asensio en esta ocasion; mas fuera quien fuere, es lo cierto que debió ser un hombre dotado de todo cuanto era indispensable para llevar la aventura á feliz término. Ofrecióle una buena recompensa, y el emisario fué á establecerse sin ruido y con un pretesto cualquiera en la posada única del pueblecillo que indiqué anteriormente. En él, y en tanto que aparentaba ocuparse con asiduidad de sus particulares negocios, trababa conversacion con todo el mundo. Sin embargo, dejó trascurrir algunos dias ántes de fijarla sobre el difunto D. Vicente Avilés. Yá puesto en este camino, un dia hablaba de este señor, y otro de sus sobrinos, cuidando de hacer hablar á sus interlocutores y provocando digresiones que eran muy de su agrado, sobre todo cuando con tal motivo, alguno de los contemporáneos de Avilés hablaba de las relaciones que éste habia tenido en la última época de su vida. En estas ocasiones, el encargado de negocios de Asensio se hacia todo oidos; y en una de ellas supo que aquel de los más íntimos amigos que sobrevivió á D. Vicente, le habia seguido de cerca al sepulcro. Esta noticia lo dejó casi completamente desconcertado; sin embargo, no quiso renunciar del todo á sus investigaciones ántes de hacer una nueva tentativa cerca de los herederos de D. Vicente, para inquirir noticias del estraviado manuscrito. Éstos le dieron cuenta detallada de todas las dilijencias que se habian hecho en la casa para descubrirlo: y deduciendo de tantas idas y venidas que el perdido tesoro debia ser de gran valía, los sobrinos de Avilés le ofrecieron en venta la copia del manuscrito por el precio de seis mil reales vellon. El comisionado rióseles en las barbas y regresó á su posada. Ya en ella, y despues de maduras reflexiones, de las cuales dedujo que debia perderse toda esperanza, escribió á Asensio, anunciando su próximo regreso á Sevilla.

»Púsose con negro humor á hacer sus baules, y el posadero, que lo advirtió, le preguntó el motivo. El fiel diplomático, que no estimaba ya necesaria la reserva que se impusiera, respondió que habia venido á un negocio que se habia vuelto agua de cerrajas.=¿Qué negocio es ese? insistió el posadero.=Notad que el posadero en España, y sobre todo en los pueblos pequeños, es hoy en dia el mismo que era en los tiempos de D. Quijote. Tiene su tanto de importancia en la localidad y se entromete con buena voluntad en los asuntos de los viajeros que aloja. Sentado á la caida de la tarde en la puerta de su posada, donde se detiene un momento todo el que pasa por la calle, presta oido atento á muchas cosas que guarda en su memoria, las cuales enlaza entre sí, y de las que se acuerda en tiempo y lugar oportuno.

»El comisionado contestó á la pregunta de su huésped:=¡Busco un renegrido libro...!=¿Un manuscrito?=Eso es; sí, señor, un manuscrito de PACHECO; y pronunció este nombre con voz apénas intelijible. ¿Sabia acaso el posadero si habia existido un PACHECO en el mundo? Sí que lo sabia, y tanto, que contestó:=¿Por qué no ha hablado usted desde luégo con franqueza? Yo le hubiera dicho dónde se encuentra.... Quien lo tiene es el señor Arcipreste.= Y en el acto relató la siguiente historia:

»D. Vicente de Avilés vendió el libro en una suma considerable á un inglés que, de paso por el pueblo, se dirijia á Málaga, de donde debia regresar para recojerlo. No se sabe si cansado de esperarlo, ó por otro cualquier motivo, Avilés depositó en manos de uno de sus amigos el manuscrito y unas cuantas alhajas de bastante valor. Al dia siguiente de haber hecho el depósito, Avilés murió de repente, y el amigo tuvo tentaciones de guardarse el depósito. Para tranquilizar su conciencia, se dijo que el difunto no tenia hijos, y esta mala reflexion le decidió á cumplir su mal propósito. De tiempo en tiempo hacia un viaje á Sevilla, donde vendió una por una todas las alhajas hasta quedarse con sólo el manuscrito, que renunció á vender, por no llamar la atencion. La idea de quemar el libro cruzó por su mente como el mejor medio de resolver el conflicto en que se encontraba. De todos cuantos peligros amenazaron la existencia de este precioso manuscrito, el más grave, sin duda, fué el pensamiento que se le ocurrió al poco escrupuloso depositario. La muerte resolvió todas sus dudas. Pero tenia una mujer, que al verse sola cargada con tan pesada responsabilidad, tuvo miedo y quiso aliviar su conciencia, entregando el libro á su confesor con encargo de restituirlo. Las restituciones por medio del confesonario son muy frecuentes en España. El sacerdote se encontró bastante embarazado y perplejo, temiendo que los herederos de Avilés, al recibir de sus manos el manuscrito, le pidieran cuenta de las alhajas depositadas con él, y dudó mucho tiempo acerca del destino que le convenia dar al libro. Nuevos riesgos amenazaron al asendereado manuscrito; riesgo que no debió correr en esta ocasion, puesto que el sacerdote debió comprender que el deber le mandaba arrostrar una sospecha, que no hubiera subsistido mucho tiempo, vista la autoridad moral y el carácter respetable del nuevo depositario. La obra maestra de PACHECO estuvo, pues, otra vez á punto de desaparecer para siempre.

»Así las cosas, llegó al pueblo el emisario secreto de D. José María Asensio, cuando todavía no estaban resueltos los escrúpulos y las vacilaciones del eclesiástico. Compréndese desde luégo, que al saber estos pormenores renunció á volver á Sevilla. En la mañana siguiente se presentó en casa del Arcipreste, quien interrogado, negó el depósito. El comisionado, seguro del hecho, no sólo no se desanimó, sino que hizo firme propósito de volver á la carga. Faltóle el tiempo, puesto que el sacerdote murió en aquellos dias: no parece sino que este manuscrito era fatal para todos aquellos que lo poseian. Sin duda que al morir el Arcipreste dispuso que el libro fuese devuelto á los herederos de D. Vicente de Avilés, puesto que el comisionado supo al mismo tiempo su reaparicion y la muerte del último depositario. Dióse prisa á hacer una visita á los herederos, quienes esta vez le recibieron con visibles muestras de alegría. La suma que pidieron por el libro (12,000 rvn.) no era ciertamente exorbitante, ni capaz de arruinar á un aficionado. Consultado D. José María Asensio por el telégrafo, dió su consentimiento, y la compra se verificó en el acto. Cuando Asensio se consideró tranquilo y seguro poseedor del precioso manuscrito, su alegría y su satisfaccion fueron mayores que si hubiese ganado un gran pleito en interés de la casa del Duque de Medinaceli, y de seguro que no se hubiese tenido por más dichoso.

»Esta luna de miel dura todavía, y todo cuanto han intentado académicos, aficionados y editores para sacar tan inapreciable joya de la biblioteca del Sr. Asensio, ha sido completamente infructuoso, y sólo ha servido para aumentar su inmensa satisfaccion. La maravilla de PACHECO no saldrá de sus manos sino para difundirse por todo el mundo. Ha tomado á pecho esta empresa, y dice, que yá que no sea el padre de la obra, quiere ser su padrino.

»Os prometo una esquela de convite.

ANTONIO DE LATOUR.»

Hasta aquí el artículo de la *Revista Británica*.

A sus noticias, una tan sólo podrémos adicionar. Cuando primeramente Mr. Stirling de Keir, y despues el baron Taylor, en sus escursiones artísticas por España, llegaron á la Andalucía, parece ser que traian noticia esacta del libro inédito de Francisco Pacheco y firme propósito de adquirirlo, sin duda para que pasara á enriquecer, como preciosa joya, algun museo ó biblioteca de sus respectivos paises.

Stirling, fué en diversas ocasiones y por largas temporadas á Fuentes, segun parece; pero nos aseguran que ni uno ni otro viajero lograron ver siquiera el libro, objeto de su artística codicia.

VIII.

LO QUE SE HA PERDIDO Y LO QUE SE CONSERVA.

Más de ciento y setenta retratos llevaba dibujados Francisco Pacheco en el año de 1649 á la publicacion de *El Arte de la Pintura*, segun dejamos dicho ántes. Era su intento entresacar de ellos hasta ciento, de personajes eminentes, para formar un *libro;* y suponiendo, aunque es hipótesis infundada, que lo hubiera hecho segun se lo proponia, siempre podrémos congratularnos de que se haya salvado la parte más considerable, el mejor fragmento de la obra; pues comienza en la portada y contiene cincuenta y seis retratos de los mejores, de los que el autor juzgó dignos de tan señalado lugar.

¡Lástima grande y pérdida grandísima es la de lo que falta! ¿Quién dudará de que en lo perdido no estuvieran los retratos y elogios de un Cervántes, una Teresa de Jesus; de Vicente Espinel y D. Juan de Jáuregui, con otros no ménos importantes para las letras españolas?

Con no poco trabajo hemos podido allegar algunas noticias acerca de la parte perdida del precioso manuscrito. Escasas son é incompletas, pero no hemos podido hacer más.

Por *Apéndice* á esta *Introduccion* verá el lector el *Elogio biográfico de Lope de Vega*, que no se encuentra en el fragmento conservado del *Libro de retratos* (1).

Publicóle en 1609 al frente de la edicion primera de la *Jerusalen conquistada* de Lope de Vega, Baltasar Eli-

---

(1) Véase el Apéndice núm. II.

sio de Medinilla, diciendo á los aficionados á los escritos de su maestro:

«Aviendo llegado á mis manos este
»*Elogio*, sacado del libro de retratos
»que haze Francisco Pacheco en Sevi-
»lla, de los hombres en nuestra edad
»insignes, quise comunicarle á los afi-
»cionados á los escritos de Lope, sin
»voluntad y consentimiento suyo, avien-
»do quedado á corregir la impression de
»su *Jerusalen* en ausencia suya.»

Adviértese despues á los lectores que el diminuto retrato que acompañó al poema no es el dibujado por Pacheco; y en verdad, que no está de sobra tal advertencia, porque el retrato es harto infeliz.

Lope de Vega residió algun tiempo en Sevilla, al principiar el siglo XVII; en esta ciudad publicó *El Peregrino en su patria* (que se imprimió en 1603, aunque no salió á luz hasta el año siguiente). Es natural que concurriera al taller de Pacheco, y allí fuera retratado por éste, siendo su imájen de las primeras que se destináran al *Libro*, por la fama que acompañaba yá al *Fénix de los ingenios*.

De cinco *Elogios*, únicamente hizo espresion nominal y señalada el mismo Francisco Pacheco en su *Arte de la Pintura*. Y no sabemos que nadie haya reparado en ellos.

Son los que siguen:

A la páj. 92 cita á Pedro Campaña y se remite á su *Elogio;* y en la pájina 118, hace una referencia igual al *Elogio* de Luis de Vargas. Estos dos están contenidos en el fragmento que hoy se conserva, y ván en su lugar respectivo, con el retrato á que corresponden.

Habla de los famosos retratistas, y dice á la pájina 101:

«Diego de Silva Velazquez (1), mi »yerno, ocupa (con razon) el tercer lu- »gar; á quien despues de cinco años de

---

(1) Obsérvese que *Pacheco* conserva en su órden natural los apellidos de Velazquez.

»educacion i enseñanza, casé con mi
»hija, movido de su virtud, limpieza i
»buenas partes: i de las esperanzas de
»su grande i atural ingenio. I porque
»es mayor la onra de Maestro que la
»de Suegro, ha sido justo estorbar el
»atrevimiento de alguno (1) que se quie-
»re atribuir esta gloria: quitándome la
»corona de mis postreros años. No ten-
»go por mengua aventajarse el discípu-
»lo al maestro (aviendo dicho la VERDAD
»que no es mayor) ni perdió Leonardo
»de Vinci en tener á Rafael por discípu-
»lo, ni Jorge de Castel-franco á Tiziano,
»ni Platon á Aristóteles; pues no le qui-
»tó el nombre de *Divino*»...

. . . .

«Esto se escribe no tanto por alabar el
»sujeto presente (que tendrá otro lugar),
»cuanto por la grandeza del arte de la
»pintura.» (Al márjen dice: *En su Elogio.*)

A la páj. 164 se expresa así:

---

(1) ¿Quién seria? Tal vez *Pacheco* se defiende aquí de especies vertidas por sus émulos. ¿Por Herrera?

«Gerónimo Fernandez, maestro ar-
»quitecto y escultor famoso, vimos que
»en todas las dificultades de artífices,
»que se le ofrecian, asi de Arquitectura
»como de Escultura y Pintura, con un
»lápiz (de que siempre andaba preve-
»nido) hacia facilísima demostracion
»de la verdad de lo que trataba, alla-
»nando i difiniendo las dudas i dificul-
»tades, con gran prontitud, que es una
»singular ventaja.» (Al márjen dice: *En
su Elogio.)*

Por último, en la páj. 302, dice lo
siguiente:

«Y aún tambien podemos poner en
»este número á Dominico Greco, porque
»aunque escribimos en algunas partes
»contra algunas opiniones i paradoxas
»suyas, no le podemos excluir del nú-
»mero de los grandes pintores, viendo
»algunas cosas de su mano tan reve-
»ladas y tan vivas (que aquella su ma-
»nera) que igualan á las de los ma-
»yores hombres (como se dice en otro

»lugar).» (Al márjen: *En su Elogio.)*

De estos tres *Elogios,* que cita su mismo autor, y de los retratos á que iban unidos, no se conserva otra noticia, que la que dejamos trascrita.

Tampoco se conserva el retrato de Gerónimo Carranza, el célebre maestro de armas y autor del libro titulado: «*Libro de Hierónimo de Carrança, natural de Sevilla, que trata de la philosophia de las armas y de sv destreza, y de la aggression y defensa....*=Impreso en Sanlúcar de Barrameda, en casa del autor, año 1582.»

Consta, sin embargo, su existencia, y hasta podemos ofrecer á los curiosos el soneto que probablemente cerraria el *Elogio* de aquel célebre diestro, segun la costumbre que PACHECO seguia. Es obra de Cristóbal de Mesa, y se encuentra á la páj. 112 de su libro *Valle de Lágrimas,* impreso en Madrid por Juan de la Cuesta, el año de 1607. Dice así:

AL RETRATO DE GERÓNIMO DE CARRANZA,
CABALLERO DEL HÁBITO DE CHRISTO.

Tú, gran Carranza, que Andaluz Atlante,
Con el cetro Español tu fama mides,
A tu nacion renombre inmortal pides,
Desde el Poniente al último Levante.

Tu espada y pluma se celebre y cante,
Pues con dos mundos ya tu honor divides,
Dexas atrás los límites de Alcides,
Passas de sus columnas adelante.

Palma á Febo, honra á Palas, gloria á Marte
Das, y blason al hábito de Christo,
Y al católico Imperio y sus fieles.

Reduziendo las armas á nuevo arte;
Y *Pacheco* te da, moderno Apeles,
Nueva vida, alto sér, lustre no visto.

Un retrato posee el Sr. D. Valentin Carderera, cuya coleccion es bien conocida y apreciada, tanto en España como en el estranjero, que tambien parece de mano de FRANCISCO PACHECO, y destinado como lo indica su tamaño al *Libro*, cuyo fragmento más considerable venimos describiendo. Representa á un hombre de edad madura, poeta, porque está coronado de laurel, como todos los que se conservan en el *Libro de retratos*; pero no existe indicio alguno para conjeturar su nombre. Y merece la pena de hacer investigaciones: ¿quién sabe si inopinadamente podríamos descubrir, que es un retrato de D. Francisco de Rojas y Zorrilla, de Moreto ó algun otro de los insignes dramáticos de quienes no se conserva imájen conocida? Los rasgos de Pacheco son de muy subido precio, porque se sabe que retrataba á los hombres que sobresalían por algun concepto. ¿Quién será el poeta desconocido?

Ha publicado la *Sociedad de bibliófilos españoles* las poesías del célebre poeta sevillano *Francisco de Rioja*, esmeradamente reunidas, cotejadas y espurgadas de grandes errores, y eruditísimamente ilustradas con la vida del autor, por D. Cayetano A. de la Barrera y Leirado. A esta obra acompaña un nuevo retrato de Rioja, diferente del que incluyó D. José Lopez Sedano en el tomo VIII del *Parnaso Español.*

El dibujo ha sido facilitado por el mismo Sr. D. Valentin Carderera, que nos comunicó el anterior, y fué hecho á fines del siglo pasado por nuestro insigne grabador Carmona, suponiendo los entendidos que procede de un orijinal de Francisco Pacheco

No estrañaríamos que tanto este nuevo retrato de Rioja, como el del anciano poeta que ántes nos ocupaba, procedan como el de Valbuena y el de Lopez de Zárate, de aquel *cuaderno del Libro de retratos* que habia tenido en su poder D. Martin Fernandez de Navarrete, y que no se sabia yá dónde habia ido á parar por los años de 1845.

El retrato del *poeta desconocido* pudo formar parte de aquel estraviado cuaderno; y los otros pueden proceder de sus orijinales, copiado el de Zárate por D. Francisco Goya, el de Valbuena por Ribelles, y el de Francisco de Rioja por Carmona.

D. Nicolás Diaz de Benjumea, el docto comentador, *el demasiadamente injenioso comentador del Quijote* (segun la feliz espresion del Sr. D. Antonio de Latour), nos hizo la indicacion de haber visto en Lóndres, en poder de D. Juan Wetherell, hijo de un caballero que vivió muchos años en Sevilla, tres retratos esactamente iguales en tamaño, en papel, en dibujo, etcétera, á los que veia en el *Libro de* Pacheco. Segun sus recuerdos, era el uno maestro de armas, otro poeta y eclesiástico, no recordando lo que representaba el tercero.

Deseosos de apurar tan interesante noticia, hemos hecho cuantos esfuerzos han estado á nuestro alcance para conocer la verdad, y hemos obtenido, valiéndonos de la buena voluntad y artístico entusiasmo de algunos amigos, la seguridad de que, en efecto, en poder de los Sres. Mr. Nathan y Horatio Wetherell existen nó tres, sino siete retratos, que en alguna manera se asemejan á los del *libro de* Francisco Pacheco.

Por mediacion del Sr. D. Antonio María Fabié hemos logrado copia de los elogios que tienen aquellos retratos (1), y por ellos sabemos que representan á

Juan Marquez de Aroche (maestro de armas).

Pedro de Mesa (idem).

Sancho Hernandez (joyero).

Pedro de Madrid (músico).

Florentino de Pancorvo (médico).

Manuel Rodriguez (músico).

Antonio de Vera Bustos (músico y poeta).

Vanos han sido nuestros afanes para la adquisicion de los dibujos que deseábamos reunir con sus compañeros. Ni áun fotografías de ellos hemos podido obtener; pero quede aquí consignada la esactitud de la noticia para

---

(1) Véase el *Apéndice* núm. III.

despertar la curiosidad de otros más afortunados.

Reasumiendo, podrémos decir que hay noticia de haberse hecho retratos y elogios de

Diego de Silva Velazquez.

Gerónimo Fernandez (arquitecto).

Dominico Theotocopuli, llamado el Greco.

Lope Félix de Vega Carpio.

Gerónimo Carranza.

Y los siete que existen en Lóndres, y dejamos señalados; y con probabilidad de

Bernardo de Valbuena.

Francisco de Rioja.

Francisco Lopez de Zárate.

Un poeta desconocido.

Diez y seis retratos y elogios, en todo, que con los cincuenta y seis que publicamos formarian un total de setenta y dos; el resto hasta ciento, si es que Pacheco llegó á reunirlos, se han perdido probablemente para no parecer jamás.

IX.

OTROS RETRATOS PINTADOS POR PACHECO.

Para completar en lo posible esta noticia, vamos á ocuparnos de los retratos que el artista hizo al óleo sobre lienzo ó sobre tabla.

Más de ciento y cincuenta hizo de colores (*Arte de la Pintura*, páj. 343), diez de ellos enteros y más de la mitad chicos, diez de marquesas, tres de condes; estando entre estos últimos el de Jelves, D. Álvaro, que celebra en un valiente soneto el poeta Juan de la Cueva.

Y para proceder con órden, aunque en los demás seguirémos el cronolójico, vamos á dar la preferencia al retrato del autor, que por primera vez se publicó para acompañar á estos *Apuntes*, tomado directamente del que el mismo PACHECO puso en su célebre cuadro del· *Juicio final*.

Hablando en *El Arte de la Pintura* de este lienzo, dice el autor: «El mon- »ton que está más cerca de nuestra vista »desta parte derecha, contiene nueve »figuras grandes con variedad de eda- »des, de carnes, de rostros. La princi- »pal i entera está de espaldas, es un »mancebo hermosísimo junto á una her- »mosa muger, i entre estos dos puse mi »retrato frontero hasta el cuello (pues »es cierto hallarme presente este dia), »i tambien siguiendo el ejemplo de al- »gunos valientes pintores que en oca- »siones públicas entre otras figuras »pusieron la suya, i de sus amigos i »deudos. Y principalmente Tiziano que »se retrató en la *Gloria* que pintó para »el Rei Filipo II, que yo é visto en el »Escorial.»

Con esta indicacion terminante, no

podia abrigarse duda acerca de la existencia del retrato de Pacheco, y á vista del cuadro hasta podia señalarse sin vacilacion el lugar preciso en que se encontraba.

Pero el cuadro del *Juicio final* habia desaparecido de la iglesia del convento de relijiosas de Santa Isabel, de la ciudad de Sevilla durante los dias de la invasion francesa, y no era fácil descubrir su paradero, hasta que habiendo llegado á saber que se encontraba en París en poder de un particular, emprendimos la tarea de rescatarlo y devolverlo á España, á Sevilla, en cuyo Museo debe figurar como la obra más perfecta y de mayor composicion del maestro de Diego Velazquez; y cuando esto no fuera posible, lograr que al ménos se nos permitiera sacar una copia esacta de aquel retrato, enteramente desconocido en nuestra España.

Deudores somos de muchos favores, por los pasos que han dado para conseguir aquellos objetos, á los Sres. Don Antonio de Latour, D. Jacobo Lopez Cepero, D. Manuel Freine Reinoso y Mr. E. Bocourt, siendo obra de este último el calco que se tomó sobre el mismo orijinal, y ha servido para hacer el grabado que publicó *El Arte en España*. La adquisicion del cuadro no hemos podido conseguirla todavía.

A ese retrato de FRANCISCO PACHECO unimos entónces su firma *escrita*, tomada de otra orijinal del autor, que está al fin de un ejemplar impreso del papel que dirigió *A los profesores del Arte de la Pintura*, que existe en la biblioteca del Excmo. Sr. D. José Salamanca, cuyo facsímile nos remitió el señor don Manuel Remon Zarco del Valle.

Entre los retratos enteros merece especial mencion el de S. Ignacio de Loyola, que hizo PACHECO para el colejio de San Hermenejildo, y que recuerda y recomienda en su *Arte de la Pintura*, páj. 589.

Representaba al Santo de pié, y el rostro se tomó por un modelo de yeso sacado de la mascarilla que se vació en Roma á su muerte en 1556. Este retrato se colocó en la escalera principal del colegio en 1613.

En el año de 1617 murió el celebrado poeta Miguel Cid, gran devoto de la Madre de Dios en el misterio de su Concepcion inmaculada, y autor de poesias muy populares entónces y aún despues, y se le dió sepultura en el panteon propio de un tio suyo, frente á la capilla de la Granada, fuera de la puerta llamada de las Virtudes (vulgo del Lagarto, por el que allí simboliza la *Templanza)* en la Santa Iglesia Catedral. Fué hombre muy piadoso, y aunque simple mantero, gozó gran celebridad entre sus paisanos, que aseguraban habia predicho el dia de su muerte. Dispuso el cabildo que sobre su sepultura se colocase un cuadro de la Purísima Concepcion, y al pié un retrato del poeta con sus célebres coplas en la mano. Pintó el cuadro FRANCISCO PACHECO, y hoy se encuentra en la sacristía de la capilla de Nuestra Señora de la Antigua.

Por escritura de 30 de Agosto de 1624, D. Francisco Gutierrez de Molina y D.ª Gerónima Zamudio fundaron una capellanía en la capilla del respaldo lateral del coro, en la nave de la Epístola, que ántes era de S. Juan Bautista, y la dedicaron á la Purísima Concepcion. La escultura, obra de Juan Martinez Montañez (y una de las mejores que su mano y su piedad produjeron) se colocó en el altar el dia 8 de Diciembre de 1641, y á los lados se pusieron los retratos de los fundadores hechos por FRANCISCO PACHECO.

En 1630 pasó por Sevilla la célebre *Monja Alferez*, D.ª Catalina de Araujo ó de Erauso, heroina de dramas y novelas, cuya vida aventurera llamaba la atencion en todas partes. PACHECO aprovechó su permanencia en Sevilla para hacer un retrato, cuyo orijinal, vendido, segun parece, por un comisario de guerra sevillano al coronel Baron Shepeler, encargado de negocios de Prusia en Madrid, vino á parar en poder de D. Joaquin María Ferrer, quien lo publicó en la historia de aquella mujer estraordinaria, en la edicion que hizo de su vida, en París, por Didot, 1829.

En el Museo provincial de Sevilla se conservan dos tablas con cuatro retratos de personas desconocidas. No hemos podido averiguar su procedencia, aunque parece debieron formar parte de algun retablo. Contiene cada cuadro un caballero y una señora, perfectamente pintados, siendo en estremo curiosos los tocados de las damas.

Otras dos tablas se conservan en la numerosa y escojida coleccion que reunió el Excmo. Sr. D. Manuel Lopez Cepero, Dean de la Santa Iglesia Catedral de Sevilla. Tiene la una dos hombres, y la otra dos mujeres, al parecer, padres é hijos, y está firmada la una, la de los hombres.

Muchos fueron los poetas que escribieron en elojio de los retratos que PACHECO pintaba; en su *Libro* ván incluidas várias de estas poesías. D. Juan Antonio de Vera y Zúñiga le anima en una *silva* inédita (M. 82, B. N.) al retrato de *Amarilis*; y otro poeta celebra tambien un retrato en dibujo de mano de PACHECO, en otra composicion contenida en ese mismo códice de la Biblioteca Nacional. El mismo PACHECO inserta en su *Arte de la Pintura* un elogio al retrato de Cintia.

Nada quiero añadir con respecto al retrato de *Miguel de Cervantes* y los Padres Redentores, que PACHECO puso en su cuadro de la vida de San Pedro Nolasco, marcado con el número 19 en el catálogo del Museo provincial de Sevilla. Muchas personas, y muy competentes, tanto de España, como de Francia, Inglaterra y Suiza han felicitado por su descubrimiento al autor de estos *Apuntes;* pero hay otras que aún dudan, y nada queremos hablar de esta importante cuestion hasta que podamos ofrecer la demostracion matemática, si es que algun dia logramos obtenerla.

Tanto en este punto como en todo lo que dejamos espuesto estamos muy distantes de creer que hayamos hecho una obra completa. La labor es difícil, penosa, muy ocasionada á equivocaciones. Busquen, pues, otros; y con mejor fortuna aumenten, y corrijan y censuren nuestros trabajos: que cada nueva noticia que sobre *Pachecho y sus obras* se publique, nos causará grandísimo placer, y léjos de criticar á los investigadores, apreciarémos en mucho sus desvelos; que sabemos por esperiencia cuánto es el tiempo y el trabajo que se pierden en esta clase de estudios.

APÉNDICES.

I.

Página 86.

Sobre la biografía de Baltasar del Alcázar.

Censura de la Biografía de Baltasar del Alcázar, firmada por D. Vicente Avilés, en Fuentes de Andalucía, á 4 de Diciembre 1827.

El haberme encargado V. S. la censura del artículo biográfico acerca de Baltasar del Alcázar que le ha presentado nuestro compañero el Sr. D. Vicente Avilés, á la par que ha despertado mi cansada memoria con algunas noticias que yo tenia recogidas de este docto poeta sevillano, me ha llenado de complacencia al advertir que la diligencia del Sr. Avilés haya adquirido otras que ciertamente se habian escapado de mi conocimiento. Por eso, lo que yo diga hoy, más será para estimularle á que continúe sus doctas investigaciones que no para censurar su laboriosidad.

En primer lugar, yo quisiera ver los fundamentos sobre que se apoya la conjetura de fijar el nacimiento de Alcázar en los años de 1530 ó 531; porque la corta diferencia de sólo un año indica que el cálculo, si no ha podido ser muy exacto, por lo ménos será muy aproximado.

Acerca del nombre y condicion de sus padres, no se me ofrece duda. Ortiz de Zúñiga en el *Discurso de los Ortizes de Sevilla*, y en los *Anales* de esta ciudad, dice que fué hijo de Luis del Alcázar, Veinticuatro de Sevilla y despues jurado por la Collacion del Salvador, y de doña Leonor de Leon Garabito.

Aunque el colector del *Parnaso Español* en las noticias biográficas del tomo VII nada pudo decir de su patria, de su familia ni de sus estudios, en el suplemento que incluyó en el tomo IX yá dijo que nació en Sevilla de familia ilustre, y que parece siguió las armas; pero no especifica sus empresas, y yo desearia ver los documentos justificativos en que el señor disertante apoya las que atribuye á nuestro poeta, y demás destinos de su vida civil y literaria. El Sr. Avilés sabe muy bien que en materias históricas no es permitido hablar sin pruebas.

El citado colector añade que estuvo casado con doña Luisa Faxardo, hija de Francisco Hernandez Marmolejo, Veinticuatro de Sevilla, y de doña Luisa Faxardo, de quien la hija tomó el nombre; y no es extraño que yo dude de esta noticia, supuesto que no la justifica: y por lo mismo, así la Academia, como yo, desearíamos tener algun documento que probara haberse casado en su pátria con su prima hermana doña María de Aguilera, hija del Mariscal de Leon, &c.

De sus obras poéticas no podré decir más, sino que en el *Correo literario de Sevilla* hice imprimir muchas, que ni constaban en las *Flores de poetas ilustres* de Pedro de Espinosa, en el *Parnaso español*, ni en la *coleccion* de poetas, que á nombre de D. Ramon Fernandez (esto es, D. Pedro Estala) se publicaron en Madrid. Poseo un tomo en fólio de todas ellas, con el cual he cotejado las pocas que el señor Avilés remite, de cuyo exámen resultan las variantes que he anotado, y desearia que se remitieran á dicho señor, pues no le disgustará saber que se conserva este códice.

Tambien permanece en Sevilla el nombre de esta esclarecida familia en la calle que dicen de los Alcázares, collacion de San Pedro, en la que tenia sus casas principales.

Y en la Iglesia del colegio de Monte-Sion, del órden de Santo Domingo, un epitafio que á ella pertenece, como en él consta, y dice así:

«Esta sepultura es de D. García Cerezo Marmolejo, 24 de Sevilla, y de doña Juana del Alcázar, su mujer, hija que fué de Baltasar del Alcázar, señor de Puñana y de doña Luisa Faxardo, su mujer, que la compró para su entierro y de sus parientes y de los hijos del dicho su marido y sus descendientes. Año 1608.»

De este epitafio no sólo se saca el Señorío de Puñana que obtuvo Alcázar, sino que alguno podrá buscar por este título su descendencia. Yá se sabia que Baltasar del Alcázar habia dejado un hijo llamado Francisco, de quien no se ha podido hallar otra noticia: ahora deberá añadirse la de su hija, comprobada con la antecedente inscripcion sepulcral.

Tambien he notado la falta de cita en el juicio que hace Jaúregui del mérito de Alcázar: esta seria muy conveniente, pues aunque yo no dude de su veracidad, encuentro que este aspecto lo podrá fácilmente satisfacer el señor disertante.

Igualmente lo será la comprobacion de la muerte de Alcázar; y al ver la exactitud con que se fija el 16 de Enero de 1606, me hace creer que el Sr. Avilés tenga documentos que deseamos conocer, para ilustrar y enriquecer las memorias de nuestro poeta. Nada más por ahora, sino suplicar á la Academia le devuelva el citado manuscrito, esperando que dicho señor se servirá anotarlo ó rehacerlo, si es que juzga á propósito estas advertencias.=Sevilla 17 de Enero de 1828.

JUSTINO MATUTE Y GAVIRIA.

RESPUESTA DEL AUTOR.

El deseo de ilustrar y enriquecer las memorias del docto poeta sevillano Baltasar del Alcázar me animó á presentar á V. S. el artículo biográfico de este autor, para cuya redaccion tuve presente lo que el analista Zúñiga, el parnasista español y el célebre pintor Pacheco dicen de Alcázar. Zúñiga, apénas habla de sus padres, el parnasista ignoraba la vida de nuestro poeta, y sólo Pacheco, autor fidedigno, amigo íntimo y contemporáneo de nuestro autor, podia guiarnos en nuestras investigaciones. Siguiendo, pues, la autoridad de este célebre pintor y humanista, procurarémos disipar las dudas que han ocurrido á nuestro compañero el señor D. Justino Matute y Gaviria.

Empezando, pues, por el nombre y condicion de los padres de Alcázar, conviene el señor censor en que fueron el Veinticuatro Luis del Alcázar y doña Leonor de Leon Garabito y no se le ofrece ningun reparo sobre este particular.

No sucede lo mismo con las noticias que se dán de los destinos de la vida civil y literaria de Alcázar; mas el disertante no ha sentado un hecho que no esté comprobado con el testimonio de Pacheco, tomado de un códice autógrafo que poseo de este autor, relativo á noticias históricas de várIos personajes y literatos célebres del siglo XVI.

Los reparos que todavía se presentan al Sr. Matute sobre el casamiento de Alcázar con doña María de Aguilera, &c. se desvanecen del todo teniendo presente que Melchor del Alcázar, hermano mayor de nuestro poeta, heredó de sus antepasados los Señoríos de Palma, Gelo, Cullera y Puñana, de los que fundó cuatro mayorazgos para otros tantos hijos de los siete que tuvo, de los cuales el mayor fué el docto jesuita Luis del Alcázar, bien conocido en la república literaria; el segundo, Juan Antonio del Alcázar, excelente poeta, y uno de los restantes, llamado Baltasar, como su tio, fué el señor de Puñana, marido de doña Luisa Faxardo, y de quien habla la inscripcion sepulcral del colejio de Monte-Sion.

No consta que nuestro Alcázar tuviese sucesion, y parece regular que PACHECO hubiera hecho mencion de sus descendientes inmediatos como la hace de los de su hermano Melchor. La doña Juana del Alcázar, de que habla la citada inscripcion sepulcral, es hija, sin duda alguna, de su sobrino Baltasar, Sr. de Puñana.

De sus obras poéticas dice así PACHECO: «Las cosas que hizo este ilustre »varon viven por mi solicitud y diligen-

»cia: porque siempre que le visitaba es-
»cribia algo de lo que tenia guardado
»en el tesoro de su felice memoria. Pe-
»ro entre tantos sonetos, epístolas, epí-
»gramas y cosas de donaire, la *cena jo-
»cosa* es una de las más lucidas cosas
»que compuso, y el *Eco* de lo más tra-
»bajado y artificioso que hay en nuestra
»lengua.» Esta consideracion me movió
á ofrecer á la Academia las pocas poesías de Alcázar, que se encuentran en
el manuscrito de PACHECO, y si la coleccion orijinal que hizo éste es la que
conserva el Sr. Matute, es indudable
que será apreciabilísima por todos títulos y digna de la luz pública.

PACHECO cita literalmente el juicio
que Jáuregui formó del mérito de Alcázar, y cierto que no hay motivo justo
para presumir inexactitud en la cita.

Yá se habia sospechado que el fallecimiento de Alcázar habia sido á
principios del siglo XVII. Mas PACHECO,
que, como se ha visto, era su amigo y

lo visitaba con frecuencia, dice que «en-
»trando en los 70 años ni á pié ni á ca-
»ballo podia andar. Y llegando á los 76,
»á 16 de Enero de 1606, dejó esta vida
»por la eterna.» Si no hay equivocacion
en estas fechas, se deduce que Alcázar
nació por los años de 1530 ó 531. Documentos de otra naturaleza podrán algun dia dar mayor ilustracion á la vida
de este esclarecido poeta, y este bos-
quejo será el fundamento de nuevas y
ulteriores indagaciones.=Fuentes de
Andalucía 31 de Mayo de 1828.

Vicente Avilés.

II.

Página 123.

Elogio biográfico de Lope de Vega Carpio (1).

Esta es la efigie de *Lope de Vega Carpio,* á quien justísimamente se concede lugar entre los eminentes y famosos de nuestros dias: y quando por este sugeto solo huviera dado principio á mi obra, pienso que no sería trabajo mal recibido, ni sin premio de agrade-

---

(1) Terminado yá este trabajo, podemos añadir una curiosa noticia sobre el retrato de *Lope de Vega,* dibujado por PACHECO, que nos ha comunicado nuestro querido y erudito amigo el Sr. D. Cayetano A. de la Barrera. Dice asi:

«En el año de 1841 circuló un *Prospecto* de una edicion nueva de la *Jerusalen conquistada de Lope,* que, segun aquel anuncio, debia de hacerse, entre otros, con los requisitos siguientes: *se dará,* decia, *el retrato de Lope de Vega, copiado exactamente del que hizo Francisco Pacheco con vista del original.....*»

La anunciada edicion no pasó de proyecto.

cimiento, que en los tiempos venideros me concederán por el los que no haviendo podido gozar del original, gozaren del fiel traslado, de este varon que tan conocido es, ha sido y será en la más dilatada parte de la tierra, donde se tuviere noticia de buenas letras, porque las obras suyas (famosas entre las que se leen de su género) ninguna remota parte las ignora, antes con devida admiracion las procura, porque en ellas se juntan las partes, que raras veces en una concurren, porque nunca la naturaleza es tan pródiga, que al que concedo alto natural, le conceda alto entendimiento con que procura el arte, y á quien concedió alcanzar el arte, le concedió tan poco natural, que no le sirve. Y la vez que arte y natural se juntan (grande desperdicio de naturaleza) se desaviene y aparta tanto dellos la imaginativa, que esta falta se conoce en sus obras: mas en las de *Lope de Vega*, vemos en la facilidad de su vena el natural grande, en la abundancia de sus escritos la mucha imaginativa, en los nervios y disciplina de sus versos el entendimiento y arte tan juntos, tan perfetos, que tendria por osado á quien juzgase sin temor grande, quál parte destas es más excelente en él. Del Abulense Tostado se advierte por justa grandeza, que repartida la cantidad de sus obras con las de sus años, sale cada dia á tres pliegos de escritura, y ha havido curioso que en buena Arismética ha reduzido á pliegos las obras de *Lope de Vega*, y contando hasta el dia de oy todos los de su vida respetivamente, no es inferior su trabajo y estudio. El ha sido cierto en España (salva emulacion que siempre sigue á la virtud) el poeta solo que ha puesto en verdadera perfeccion la Poesía: porque aunque á Garzilaso de la Vega se le deve la gloria de los primeros versos endecasílavos que huvo en España buenos, fué aquello tan poquito que no pudo servir de mas que de dar noticia, que se podria aquistar aquel tesoro. Pero el que verdaderamente lo ganó, y lo posee es *Lope de Vega,* y si alguno (cuyo ingenio y escritos no ofende esta alabanza) no la admite, ántes que la reprueve me diga: ¿qué Poeta Lyrico ha tenido Italia (madre desta ciencia) que se aventaje á *Lope de Vega?* Los mejores que de Italia han impreso he leido (aunque con mal conocimiento) pero en sus bellísimos escritos no se leen mas apretados sentimientos, mas dulces quejas, mas puros concetos, mas nuevos pensamientos, mas tiernos afectos que en las obras de *Lope de Vega.* El ha reducido en España á método, órden y policía las comedias, y puedo asegurar que en dos dias acabava algunas vezes las que admiravan despues al mundo, y enriquezian los autores, y no solo la Poesía ha perficionado, pero la Música le debe igual agradecimiento, pues la variedad de sus versos, y la blandura de sus pensamientos le ha dado materia en que con felicissimo efecto y abundancia se sustente, y ocasion justísima á los artífices de los tonos para ossar ygualar el artificio y dulzura dellos á la dulzura y artificio de sus letras. Las cosas dignas de ponderacion hazen parecer apassionados dellas á los que las escriven, y si yo lo pareciere de *Lope de Vega*, de manera que se me pueda poner por obiecion, remítome á las obras que se conocen suyas: remítome al Poema heroyco de su *Jerusalen*, que pienso que tres, ó cuatro que hay en España deste género, no se ofenderán de que se le conceda el primer lugar. Remítome á su *Arcadia*, donde consiguió con felicidad lo que pretendió, que fué escribir aquellas verdaderas fábulas á gusto de las partes. Sea buen testigo la *Dragontea* (el mas ignorado de sus libros, que como hazienda de grande rico, lo olvidado y acesorio fuera principal riqueza en otros). *El Peregrino en su pa-*

tria, es el quinto libro. Otro intitulado *Rimas*, mina riquísima de diamantes y ricas piedras, no en bruto, no, sino labradas, y engastadas con maravillosa disposicion y artificio. El poema de la *Hermosura de Angélica* enseña bien la del ingenio de su autor, que alcanzó mas diferentes ideas de hermosura que la misma naturaleza. Y por último (aunque segundo de los que escrivió) dejó el poema castellano *Isidro*, que como refiere en él lo llamó assi, por serlo los versos, y el sugeto, á cuyo alto conceto, deve nuestra nacion perpétuo agradecimiento y loores, pues no sin mucho acuerdo, y amor de su patria eligió para tratar la vida beata de aquel santo, las coplas castellanas, y propias por que las naciones estrangeras notassen que la curiosidad ha traydo á España sus versos, y cadencias, y no la necesidad que dellos huviesse: pues arribando este libro gloriosamente á la mas alta cumbre de alabanza, nos enseña que son los versos castellanos, de que se contiene, capazes de tratar toda heroyca materia. Las comedias que ha escrito, ya vemos por los títulos de ellas impressos en el libro del *Peregrino* que son tantas que es menester para creello, que cada qual sea, como es, testigo de la mayor parte dellas, sin mas de otras tantas que despues de aquella impression ha escrito con que llegarán á quinientas. De los versos sueltos y derramados que ha hecho á diferentes sugetos y efectos osso assegurar dos cosas, la una, que es de lo mejor que ha escrito: la otra que es mas que de lo que está hecho mencion. El en fin (quando con mas modestia le queramos loar) es ygual al que con mas gentil espíritu ha alcanzado en esta facultad nombre ilustre en España en cada cosa que le queramos comparar, y superior á todos en tres cosas, que en ningun ingenio se han juntado mas felizmente que en el suyo; facilidad, abundancia, y bondad. Y assi no dudo que la antigüedad le llamara oy hijo de las Musas, mejor que al Poeta de Venusia, por quien las ciudades de España pudieran competir con Madrid (dichosa patria suya) como los Argivos, Rodios, Atenienses, Salaminos, y Smirneos, por aquistar el título de la de Homero. Sirvió *Lope de Vega* en los primeros años de su juventud al Ilustrísimo Inquisidor General, y Obispo de Ávila, don Gerónimo Manrique, á quien él confiessa en sus obras, que deve el ser que tiene. Despues al Excelentíssimo Duque de Alva, de Gentil-hombre, y en oficio de Secretario, y años despues lo fué del Excelentíssimo Marqués de Sarria, oy Conde de Lemos, de los quales fué amado y estimado justamente su injenio y partes, por las quales fué codiciado con aventajados gajes y mercedes de muchos Grandes de España para la misma ocupacion, á que tenia su ingenio una correspondencia admirable. Y porque como he dicho, sus obras son el verdadero elogio de su vida, yo devo dar fin á este con esta estancia, que á su retrato escrivió don Ioan Antonio de Vera y Zúñiga.

Los que el original no aveys gozado
Gozad del fiel traslado los despojos,
Dad gracias por tal bien á vuestros ojos,
Y á *Pacheco* las dad por tal traslado:
Será el uno y el otro celebrado
Del Negro adusto á los Flamencos rojos,
Causando ambas noticias ygual gusto,
Desde el rojo Flamenco al Negro adusto.

III.

Página 123.

Elogios de los retratos que se conservan en Lóndres.

JUAN MARQUEZ DE AROCHE.

Quien uviere leido tantos insignes varones profesores de la verdadera destreza, cuantos van puestos en esta Descripcion, antes de llegar al presente, no dudo que entienda que acabó el número en ellos, como en ellos acabó todo lo que en esta arte ay que alcanzar, mas hallando entre los dignos de memoria igual á todos los precedentes á Juan Marquez de Aroche, natural de esta ciudad, lo puse aquí. Cuya verdadera destreza de espada y daga no reconoce ventaja á todos los de su tiempo i tan desapasionado en esta ciencia qual lo quiere el Comendador Hieronimo de Carranza en su libro de *Verdadera Destreza* i á quien se le deve inmortal nombre, pues ha dado con invencible valor excelentes muestras de la execucion de ella. Fué dotado de grande injenio, de grande ánimo i de igual conocimiento en toda suerte de armas, i estremado artífice de los engastes i machinas de madera que sirven al uso de las Campanas i piezas de Artillería, tuvo otras singulares partes de Geometría en hacer ingenios de molienda en agua i en tierra, que por la brevedad de este *Elogio* las remito á la Fama que no cesa de pregonarlas, á la qual he querido seguir en onrrar esta descripcion con su verdadero retrato i este soneto que le hize.

SONETO.

Fuerte batallador, padre de Ciencia
En el rigor i veras aprovada,

¿Quién puede resistir de vuestra espada
El crudo filo, el ímpetu i violencia?

Ninguno habrá que os haga competencia,
Si juntais á la diestra exercitada
La siniestra con arma aventajada
El ánimo, el esfuerzo i la experiencia.

Vuestro es el lauro y palma de Vitoria
Pues de lo que otro pudo ser avaro,
Vos lo manifestais con rostro afable

Quede vuestro retrato por memoria,
Conozca el mundo vuestro nombre claro,
Doctor onrrado Diestro i venerable.

(De otro puño.) Por Fran.^{co} Pacheco en Sevilla 1537.

«Esta fecha que está evidentem.^{te} equi-»vocada, es probable que sea 1637.»

PEDRO DE MESA.

(Al pié.) Prudente consideracion fué que adorne lugar tan ecelente Varon tan digno, cual es Pedro de Mesa con quien justamente se debe onrrar nuestra na-

cion, como su patria que es esta esclarecida Ciudad: fué dotado de grandes partes en que el Cielo con particulares requisitos quiso estremarle, fué de admirable ingenio con que alcanzó consumadamente las cosas á que le inclinó su naturaleza, i el primer lugar en ellas, en el arte de la Danza fué único i tenido (con general aprovacion) por el mas singular de su tiempo i de la singular de siete ordenes i canto de órgano fué aventajado *(Al dorso)* i en la curiosa i rica arte de bordar reconocido por el mas insigne, el. fué de invencible ánimo i sin igual en la verdadera destreza, i á quien todos los aficionados á esta Ciencia devemos lo bueno qe se haze pues dello a dado la luz que es bien notoria i en quien se trasladó su Maestro Hierónimo Carranza tan natural i perfectamente que le llaman espiritu Carrançino con mucha razon, pues se puede decir con verdad quel Duque de Medina i Pedro de Mesa solos fueron con quien

Hierónimo Carranza comunicó los primores i secretos de la verdadera Destreza sin ser Maestro de otro ninguno, i assi como á sucesor en el arte le sucede en el lugar mas cercano que justam.^{te} se le deve, al qual hize esos dos sonetos.

SONETO.

Felice Mesa en quien á puesto el Cielo
De sus ecelsos dones tanta parte,
Que el caudal que entre muchos se reparte,
Lo junto en vos con un divino zelo.

Del sacro Betis único consuelo
Por el ausencia de su caro Marte,
Que en vos depositó la ciencia i arte
Honor i gloria del Esperio suelo.

Orne el Laurel sagrado vuestra frente
Con yedra entretexido i varias flores
Lirio, Jacinto, Rosas i Violetas.

Que entre la diestra i belicosa gente
De Marte; sois mayor de los Doctores
Les dais luz qual Febo á los Planetas.

OTRO.

Cesen de oy mas del Griego i del Troyano
Los hechos i la Fama celebrada,

Pues vemos con la Daga i con la espada
Que llegais donde no llegó hombre humano.

I junto con la Ciencia de Cristiano,
Otra manifestais tan ignorada
Del gran Comendador encomendada
Fiada de razon de vuestra mano.

Con justa causa sois tan estimado
Pues de aquel que primero abrio el camino
Primogenito sois en la Destreza.

Que para hacerse eterno le convino
Su Tesoro dejar depositado
Para aumentar su gloria i su riqueza.

OTRO.

DE ANTONIO DE VERA BUSTOS A PEDRO DE MESA.

Aqueste es su retrato verdadero
De aquel que en armas tanta parte alcanza,
Con ser segunda parte de Carrança
Que desta Ciencia dió la luz primero.

Sugeto dando con la espada á Omero,
I al mismo Marte en su mayor pujanza,
Ofreciendo al cobarde confianza
Reducido á saber de buen guerrero.

Dos estremos se ven deste trasunto
Que en ellos se estremó naturaleza
Aunque una ciencia de otra separada.

Pues puso á entrambas en tan alto punto
Que mandó que las diesen por grandeza
Á Pacheco pinzel, á Mesa espada.

Al pié de este retrato dice de otro puño. «*Principios de Velazquez*» «si esta »nota quiere dar á entender que el dibujo »es obra del famoso pintor de Felipe IV »mé parece que quien la puso erró como »lo prueba el anterior soneto y lo que »sobre estos retratos dice Pacheco en su »Libro de la pintura.»

SANCHO HERNANDEZ.

(Al pié.) Esta verdadera figura es de Sancho Hernandez á quien su claro injenio i loables partes hazen digno de tan calificado puesto i que su memoria viva. Fué dotado de ecelente eloquencia, de agudos i prestos dichos, de afable trato i virtuosas costumbres: fué ece-

lente artifice de oro i plata i mui dado á la Poesia, en que hizo muchas obras i entre ellas un Poema heroico de la decendencia de la casa de Ureña. Criose i assistió en esta Ciudad de Sevilla á donde tuvo mano con todos los principales della, que fué natural de Valladolid.

(De otro puño.) PACHECO.

PEDRO DE MADRID.

(Al pié.) Por la memoria que dinamente se le deve á Pedro de Madrid tuvo lugar entre tan ecelentes varones, pues en la música de Vigüela que profesó fué tan singular que mereció que se le diesse el primero entre todos los de su tiempo, i en el pasado no se desdeñara Apolo de darle el suyo en la cumbre del Parnasso, qual en este se le concede, i esta insigne Ciudad de Sevilla se onrra con tal hijo, en quien la naturaleza hizo dos estremos, no sin gran misterio, el

uno en dotarlo de tan singular ingenio i el otro en hacerlo ciego i tullido desde su nacimiento.

(De otro puño.) PACHECO.

FLORENTINO DE PANCORVO.

(Al pié.) Las buenas partes de injenio, letras i curiosidad del Licenciado Florentino de Pancorvo me obligan á que se ponga aquí su verdadero Retrato: el cual fué natural de Granada, graduado en la Universidad della en Filosofia i Matematica: fué gran aritmético, eminente en la Medicina, i en arte liberal de jugar de manos inimitable i sin igual en su tiempo, fué muy diestro en las armas, i en particular de la Daga sola contra Espada hizo evidentes demostraciones de su destreza al qual hize este Soneto.

SONETO.

Este dissegño es natural retrato
Del Licenciado i gran Doctor Pancorvo,

Contra cuya destreza no ay estorvo
Circulo, linea recta vista ó tacto.

Que esté el otro en potencia que este en acto
Mas valiera tener gallico morbo
Que aprovecharse aquí de angulo Corvo
Contra su herrezuelo ó garavato.

Es en la Medicina otro Galeno,
Archivo de aritmetica famoso
Sabe ciencia aprendida en el profundo.

¿Quien negará que loque haze es bueno?
Pues tiemble de su brazo belicoso
Moron, Ronda, Granada i todo el mundo
  (De otro puño.) PACHECO.

MANUEL RODRIGUEZ.

(Al pié.) Entre los que debidamente son dignos de ser puestos con los insignes varones desta Descripcion es uno Manuel Rodriguez de singular ingenio i estremadas partes, único en la dulzura i musica de la Harpa i Vigüela, en que ecedió á todos sus contemporáneos i pudo contender con iguales

fuerzas en la Harpa con Terpandro i en la Vigüela con Apolo i en la verdadera destreza de las armas aspiró á ocupar el assiento despues de Hierónimo de Carrança inventor de ella i Pedro de Mesa su Maestro; fué natural de la villa de Cuvillar en el Obispado de la Guardia en Portugal, con quien puede onrrarse dignamente su pátria en cuya alabanza hize este soneto que se sigue.

SONETO.

Anime Orfeo el músico instrumento
Que detuvo las aves i animales,
I refrenó los monstruos infernales,
I á los Rios el curso i movimiento.

Suene de vuestra harpa el dulce acento
Que arrebata i suspende á los mortales,
I enjendra mil deseos celestiales
Que ilustran la Razon i Entendimiento.

Halló en vos la destreza tal cordura
Que le obligó á sentaros en su Mesa
I con Razon quereis solo gozalla.

Ojalá que nos diese la ventura
Á ver lo que por Fé el mundo confiesa
Si no es que para Dios quereis guardalla.

ANTONIO DE VERA BUSTOS.

(Al pié.) Devidamente se deve este lugar á Antonio de Vera Bustos, por su buen ingenio, por su valor de ánimo, musica i poesia, sin las demas partes de virtud de que fué adornado i por ecelencia mereció toda alabanza en hazer cosas de marfil i cristal con que suplia los defectos i faltas de mayor importancia á los ombres cassi queriendo con la propiedad dellas contender con las mismas de la naturaleza, que onrrando el siglo en que floreció, hizo tan felize esta insigne Ciudad en hazerlo natural della i el mismo hizo á su Retrato este Soneto.

(Al Dorso sigue de otro puño.) Este retrato echo en casa de PACHECO se cree que fué executado por Velazquez man-

dado de su maestro, y por ser de la coleccion viene en este lugar. «Sobre esta »nota se me ocurre lo mismo que sobre »la análoga que precede; sin embargo »la construccion de la frase y la ortogra- »fía parecia indicar que está escrita en »el siglo xvii, por lo tanto bueno es »suspender el juicio hasta que se pueda »examinar el carácter del dibujo y de la »letra por persona competente.»

SONETO.

Retrato, si por rico de favores
Gozais la palma de un onrrado assiento,
Faltando en vos i en mi merecimiento
De estar en parangon con los Doctores.

Mirad no os ygualeis con los mayores,
Que pagareis el loco atrevimiento;
Adverti vuestro humilde nacimiento,
Rendid á la virtud los pundonores.

Si es vuestro dueño Pedro en todas partes,
Singulis nihil en ninguna ciencia,
Dexad la ostentacion que os desvanece.

No os hagais sin saber Doctor en artes
No siendo Bachiller en la esperiencia,
Goze la Borla aquel que la merece.

Para completar la noticia que damos en el testo acerca del paradero actual de los siete retratos, cuyos *Elogios* dejamos trasladados, copiamos el comunicado que sobre su compra publicó el periódico de Lóndres *The Athenæum*, en el número correspondiente al 25 de Julio del año 1874. Dice así:

RETRATOS
DIBUJADOS POR PACHECO.

27, Queen's Gate, Julio 14, 1874.

He tenido la buena fortuna de adquirir un curioso é interesante volúmen de dibujos orijinales de artistas españoles é italianos. Ese volúmen era propiedad de Mr. Williams, Vice-Cónsul de Inglaterra en Sevilla, en el tiempo en que Ricardo Ford residió allí; y el dicho Williams gozaba crédito de gran colector é intelijente en artes españolas. A su fallecimiento, el libro pasó á manos de otro inglés que vivia en Sevilla. Su curiosidad y su valor consisten en que contiene *siete* de los retratos que formaron parte del famoso manuscristo de Francisco Pacheco, con quien Velazquez aprendió su arte, en Sevilla, y de quien luego fué yerno, como se lee en su vida. El Sr. D. José María Asensio, de Sevilla, es poseedor afortunado de una gran parte de aquel manuscrito que contiene, segun creo, cerca de sesenta retratos de los ciento que componian el volúmen orijinal. Entre estos debia estar el de Cervántes. Desgraciadamente no es ninguno de los *siete* que hoy poseo. Hablando de esta coleccion de Pacheco, Cean Bermudez, en su *Diccionario Histórico de los más ilustres Profesores de las Bellas Artes en España* (Madrid: 1800,--tomo IV. páj. 13, en la nota) dice: «Y pasaron de ciento y »setenta los que ejecutó de lápiz negro y »rojo de sugetos de mérito y fama en »todas facultades.»

Estos retratos están todos perfectamente dibujados, se distinguen especialmente por la animacion, por la vida, y su principal mérito consiste en la individualidad, en el parecido que deben tener con el sugeto á quien representan; pero en cierto punto tenemos que correjir á Cean Bermudez, pues ninguno de los siete se cuenta entre los españoles ilustres cuyos hechos divulga la fama.=El primero, JUAN MARQUEZ DE AROCHE, es maestro de armas, y se le apostrofa en el soneto que acompaña á su *Elojio* de *fuerte batallador;* el segundo, PEDRO DE MESA, era *fuerte en el arte de la danza;* el tercero, SANCHO HERNANDEZ, trabajaba en oro y plata. Sigue luego la delicada y fina cabeza de PEDRO DE MADRID, gran músico de guitarra; despues el licenciado FLORENTINO DE

Pancorvo, y otro Doctor, El último retrato, el de Antonio de Vera Bustos, está dibujado á dos lápices, negro y rojo, con valiente ejecucion. En el reverso tiene escrito lo siguiente; «*Este retrato, hecho en casa de* Pacheco, *se cree que fué ejecutado por Velazquez, y por ser de la coleccion se pone en este lugar.*»

Como creo que á algunos de nuestros lectores aficionados al arte español pueden interesar estas noticias, me he decidido á comunicarlas en este lugar.

F. W. Cosens.

POESÍAS.

SONETOS.[1]

I.

(En las *Flores de poetas ilustres*, por Pedro de Espinosa.
—Valladolid: por Luis Sanchez: 1605.)

En medio del silencio i sombra oscura
Manto de horribles formas espantosas,
Veo la bella imájen de tres Diosas
Compuesta de oro, grana i nieve pura.

Su ornato, resplandor i hermosura
Son partes para mí tan poderosas,
Qu' aunque enlazado estoi en varias cosas
Me arrebata, entretiene i asegura.

---

[1] No ván aquí coleccionadas las *poesías* que forman parte de los *opúsculos* insertos en este volúmen.—Son las siguientes:
—Fragmento de una epístola á D. Juan de Jáuregui.—Vá en el cuerpo de los *Apuntes.*
Cinco *sonetos*, en los Elogios que existen en Lóndres.
Tres *sonetos*, en la conversacion entre un Tomista y un Congregado.
Un *cuento epigramático* en la defensa del patronato de Sta. Teresa.

¡O vos, luzes del cielo las mayores!
Digo con vuestra paz, que sois vencidas
De dos soles qu' en gloria juzgo iguales;

I que precio sus claros resplandores
Tanto, qu' en estas sombras estendidas
No invidio vuestros rayos celestiales.

II.

Á D. HERNANDO ENRIQUEZ AFAN
DE RIBERA.

(Al frente del retrato de Fray Pablo de Santa Maria.— En el rarísimo libro *La vida y muerte y cosas milagrosas que el Sr. á hecho por el Bendito F. Pablo de Santa María*, etc. Impresso en el convento de San Pablo de Sevilla por Francisco Perez, ynprensor de libros A.º 1607.)

Esta es, Principe ecelso, la figura
Del vmilde fray Pablo, levantado
Á tanta alteza, á quien mi ingenio osado
En ambas Artes celebrar procura.

Puesto á la entrada el passo os asegura
Á su heroyca virtud determinado,
La grandeza del uno i otro estado,
El premio en la region eterna i pura.

Entrad seguro á visitar el templo
De sus trofeos, pues que ya os combida
Mientras venera el mundo su memoria;

Que yo cuydé animar, su faz i exemplo,
I muerto lo formé, que darle vida
Solo pudo el autor de aquesta istoria.

III.

Á SAN IGNACIO DE LOYOLA.

(Relacion de la fiesta que se hizo en Sevilla á la beatificacion del glorioso San Ignacio, fundador de la compañia de Jesus: Sevilla.—Por Luis Estupiñan: 1610.)

En las frígidas aguas arrojado,
De crudo impuro amor el lazo estrecho,
Con valeroso i encendido pecho
Romper procura IGNACIO ardiendo elado.

Culpa, amenaza, reprehende osado
D' el ciego amante el obstinado hecho,
I auiendo al justo zelo satisfecho
El luengo error se rinde desmayado.

Venció el fuego diuino al fuego umano;
Juntó por nuevo medio dos estremos,
Ya de amorosas obras, ya de esquivas;

No pudo el acto heróico ser en vano
De tan gran caridad, pues della vemos
Ardiendo en aguas muertas, llamas vivas.

IV.

Á D. JUAN DE IÁUREGUI.

DE FRANCISCO PACHECO, PINTOR.

(*Rimas* de D. Iuan de Iauregui.—Sevilla, por Francisco de Lyra Varreto.—Año 1618.)

La muda Poesía, i la eloquente
Pintura, a quien tal vez Naturaleza
Cede en la copia, admira en la belleza;
Por vos (Don Iuan) florecen altamente.

Aqui la docta lira, alli el valiente
Pinzel, de vuestro ingenio la grandeza
Muestran; que con ufana ligereza
La Fama estiende en una i otra gente.

Alze la ornada frente el Betis sacro,
Su tesoro llevando al mar profundo,
I de Iauregui el nombre, i la memoria:

En tanto que su ilustre Simulacro
Venera España, reconoce el mundo
Como de nuestra Edad insigne gloria.

V.

Á FERNANDO DE HERRERA.

(*Versos* de Fernando de Herrera, enmendados i divididos por él en tres libros.—Año 1619.—Impreso en Sevilla, por Gabriel Ramos Vejarano.)

Goza, ó Nacion osada, el don fecundo
Que t' ofresco, en la forma verdadera
Qu' imaginé, d' el culto i gran Herrera;
I el fruto de su ingenio, alto i profundo.

Ya qu' amaste 'l primero, ama el segundo;
Pues pudo el uno i otro, en su manera,
Aquel, onrar d' el Tajo la ribera;
Este d' el Betis; y los dos el mundo.

El dulce i grande canto el espumoso
Océano a naciones diferentes
Lleve; i dilate ufano tu pureza.

Porque tu nombre ilustre i generoso
No invidie ya otras liras mas valientes;
Ni d' el Latino, ó Griego la grandeza.

VI.

Á JUAN DE LA CUEVA.

(M. S. autógrafo, al frente de un tomo de las obras de este poeta.—Biblioteca colombina: Z.—133.—50.)

En tanto qu' al océano espumoso
Lleva, Cueva divino, en su pureza
De tu copioso ingenio la riqueza,
El grande Rio, ufano i glorioso:

I en la Selva de Alcides el hermoso
Coro, entalla i escrive en la corteza
Del' abundosa oliva, por grandeza
Tu nonbre ilustre i verso numeroso;

Yo, combatido de elementos varios
Aquí, codiciaré tu gran tesoro,
Gloria del siglo, i la nacion temida.

Triumfará tu virtud de sus contrarios,
Yo callaré para mayor decoro,
Pues hablando tus obras, te dan vida.

VII.

Á LA MUERTE DE MIGUEL ANGEL.

TRADUCCION DEL ITALIANO.

(En el *Arte de la pintura, su antigüedad y grandezas:* Sevilla, por Simon Faxardo.--1649.- Páj. 91.)

Razon és ya, qu' el marmol duro elado,
qu' espiritu de ti recibió ardiente,
vierta lagrimas tristes, pura fuente
buelto; de vida i onra despojado.

Razon és, qu' el color vil ó preciado
que á tanta forma ministró valiente,
persuadiendo verdad en lo aparente,
sin valor muera en su primer estado.

Razon és ya, qu' el alto ilustre Templo
que adornaste con sacro i real decoro
oscuro quede del dolor vezino,

I que lloroso de Aganipe el coro
viva, pues no de oi mas (cual raro exemplo)
versos te oirá cantar: Angel divino.

VIII.

Á DIEGO DE SILVA VELAZQUEZ.

(En la misma obra, *Arte de la pintura*, etc.—Páj. 110.)

Buela ó joven valiente, en la ventura
de tu raro principio, la privança
onre la possesion, no la esperança
d' el lugar que alcanzaste en la Pintura.

Animete l' Augusta alta figura
d' el Monarca mayor qu' el Orbe alcança
en cuyo aspecto teme la mudança
aquel que tanta luz mirar procura.

Al calor d' este Sol tiempla tu buelo,
i veras cuanto estiende tu memoria
la Fama, por tu ingenio i tus pinzeles;

Qu' el planeta benigno á tanto Cielo,
tu nombre ilustrará con nueva gloria,
pues és mas que Alexandro, i tú su Apeles.

IX.

ANDRÓMEDA Y PERSEO.

(En la misma obra, *Arte de la pintura*, etc.—Páj. 175.)

La virgen del color patrio teñida,
en duro lazo, aguarda en alta roca
por la voraz armada, orrible boca,
el triste fin de su fatal partida.

Por Azabache, i perlas conocida,
pluvia, i cabello, que la cubre, i toca,
fué del joven rendido; á quien provoca
por no morir, á darle dulce vida.

I mi parte inmortal, por culpa oscura,
del Dragon casi ya en la boca fiera,
aun á su libertad niega el desseo.

I aunque fuerza d' el cielo l' assegura
ni el daño teme, ni el remedio espera,
tanto és ingrata al celestial Perseo.

X.

Á CRISTO.

(En la misma obra, *Arte de la pintura*, etc.—Páj. 198.)

Pudieron numerarse las señales
qu' en vuestra carne delicada i pura,
o imagen de la eterna hermosura,
el reparo imprimió de nuestros males.

Aunque fueron en sí tantas, i tales
que al injenio, no solo á la pintura
vencen; i tu, o Sagrada vestidura!
á trasladar en tí su gloria vales.

Mas el amor que cela el roxo velo
quien lo podrá contar? Si aun el efeto
l' arte noble á formarlo no és bastante.

Fué sin principio, eterno será; ó cielo!
como á tan grande amor no me sugeto?
que hago, ó piedra! en deuda semejante?

XI.

Á D. FERNANDO ENRIQUEZ
DE RIBERA, TERCERO DUQUE DE ALCALÁ

(*Arte de la pintura*,—Sevilla.—Simon Faxardo.—1649.—
Páj. 346.)

Osé dar nueva vida al nuevo buelo
d' el que cayendo al Pielago dió fama,
principe excelso; viendo que me llama
el onor de bolar por vuestro cielo.

Temo á mis alas, mi subir recelo,
ó gran Febo! á la luz de vuestra llama,
que tal vez en mi espiritu derrama
esta imaginacion un mortal yelo.

Mas promete al temor la confiança
no del joven la muerte, antes la vida
que se deve á una empressa gloriosa;

I esta por acercarse á vos se alcança;
que no és tan temeraria mi subida,
puesto que és vuestra luz mas poderosa.

XII.

Á PABLO DE CÉSPEDES.

(En el *Libro de descripcion de verdaderos retratos de ilustres y memorables varones.*—En Sevilla: 1599. M. S. inédito.)

Cespedes peregrino, mi atrevida
Mano, intentó imitar vuestra figura:
Justa empressa, gran bien, alta ventura,
Si alcanzara la gloria pretendida;

Al qu' os iguale, solo concedida;
Si puede aberlo, en verso, ó en pintura,
Ó en raras partes: qu' en la edad futura
Daran á vuestro nombre eterna vida.

Vos ilustrais del Betis la corriente,
I a mi dexais en mi ardimiento ufano,
Manifestando lo que el mundo admira:

Mientras la fama va de gente en gente;
Con vuestra imagen de mi ruda mano
Por cuanto el claro eterno Olimpo mira.

XIII.

A FRAI PEDRO DE VALDERRAMA.

(Del mismo libro.)

No és maravilla, ó docto Valderrama,
Que onre mi mano, en el Retrato vuestro;
Siendo sugeto ilustre, del mas diestro
Pinzel, que celebró l' antigua fama.

Vuestra eccelsa dotrina el Orbe inflama,
En onra de la Patria, i Siglo nuestro:
I como en alta ciencia gran Maestro
Gran premio, gran onor, gran gloria os llama.

Por esto fué dichosa la osadia
Que tuve, en intentar con rustiqueza
Lo que no se concede á ingenio umano:

Pues ya la invidia i tiempo en su porfia
Á su pesar, veneran la grandeza
De vuestro nombre; por mi ruda mano.

XIV.

AL MAESTRO FRAI JUAN FARFAN.

(En el mismo libro.)

Aunque á tu gran valor Noble Pintura
La voz (por ser efeto soberano)
No se concede; aquí mi osada mano
Hizo hablar sin ella esta figura.

Este Semblante, i grave compostura,
I señales de ingenio mas que umano,
Muestran que mi ardimiento no fué en vano;
Ó proceda de l' Arte, ó la ventura.

Ya de Farfan el nombre reflorece
En esta imagen, premio á mi fatiga,
Si bien no dinamente celebrado.

Mas tal forma de gloria no carece,
Pues si le falta voz, basta que diga
Quien és; de cuya mano és debuxado.

OCTAVAS.

I.

EN EL TÚMULO

QUE SE LEVANTÓ EN LA CATEDRAL DE SEVILLA PARA LAS HONRAS DE LA REINA D.ª MARGARITA DE AUSTRIA.

(De la *Historia de la ciudad de Sevilla*, por el Licdo. Francisco Gerónimo Collado.—Biblioteca Colombina.—B. B. B. B. —446.—11.)

AL PIÉ DE LA ESTÁTUA

DE LA REINA DOÑA ANA, MUJER DE FELIPE II.

Cuando teme perder el grave esposo
La gran Reina de España ofrece al cielo
Su dulce vida, en trueco generoso;
Cae la flor, goza el rico fruto el suelo.
Acto suyo imitado, acto glorioso
. . . . (1)
Se ofrece á otra gran Reina Margarita,
Que asaz en fruto y en amor la imita.

---

(1) Falta un verso en el original de Collado.

II.
AL PIÉ DE LA ESTÁTUA
DE LA REINA CATALINA, MUJER DE ENRIQUE VIII DE INGLATERRA.

De cathólicos Reyes engendrada,
Por cathólica solo perseguida,
En heróica virtud aventajada,
Y entre ilustres matronas escojida,
En el finjido bronce retratada
La consorte de Enrico esclarecida
Se muestra, que en su túmulo acompaña
A otra Reina cathólica de España.

DÉCIMAS.

I.
A FRAY AGUSTIN NUÑEZ
DELGADILLO.

(En el Libro de Descripcion de verdaderos retratos.)

Un cortesano Esaias
Yaze en este umilde espacio,
Que ardiente ostentó en Palacio

El zelo i virtud de Elias;
Quien sacó de piedras frias
Dulce i saludable umor;
I al mayor Predicador
Pablo, hurtó la doctrina,
Guesped, la rudilla inclina
I prosigue con temor.

II.
Á BALTASAR DEL ALCÁZAR.

(En el mismo libro.)

Si de imitaros la gloria
Procuré, Alcázar, en vano,
Basta, que pudo mi mano
Estender vuestra memoria:
I no és pequeña vitoria
Aver con l' Arte podido
Vencer del tiempo el olvido:
El ingenio agudo y solo
Celebre cantando Apolo
Vuestro nombre esclarecido.

Cante de Marte el rigor
Con que en ancho mar i tierra
Vencistes en justa guerra
Estraño i propio valor:

Cante el Divino furor,
Estilo, gracia, i el buelo,
Que perdió de vista el suelo,
En la castellana Lira:
Que el mismo ensalza y admira
I prefiere á la del cielo.

III.

AL DOCTOR IUAN PEREZ DE MONTALVAN.

(*En las Lágrimas panegíricas á la temprana muerte, etc.*, recojidas y publicadas por Don Pedro Grande Tena.—Madrid: En la imprenta del Reino. Año MDCXXXIX.—Al fólio 86.)

Aviendo lleuado el cielo
El primer Lope del mundo,
¿Que mucho lleve el segundo
Si no los merece el suelo?
Mas dexanos vn consuelo
Con pérdida tan estraña,
Que quanto Sol, y mar baña
Celebrará la memoria
De los dos, que fueron gloria
La mayor que tuuo España.

REDONDILLAS.

I.
Á MAESE PEDRO CAMPAÑA.

(Del libro de *Descripcion de verdaderos retratos.*)

Parece en Varon tan digno
Mi corta alabanza en vano,
Si á sugeto mas que umano
Se deve ingenio diuino.

Mas por ser justo alabar
La virtud, en quien la alcanza,
Á su gloria i alabanza,
Se le deve este lugar.

I aunque eccedan nuestro buelo
No se han d' estimar por vanas
Las alabanzas umanas
Que suele estimar el cielo.

Pues quien tuvo tanta parte
De soberano caudal
Vencer pudo el natural,
Con la eccelencia de l' Arte.

Quien llegó con la pintura
Al divino Rafael,
I del Angel Micael
Osó alcanzar la Escultura

A mi no me espantaria
Eccediese á los mortales,
Pues que dos Angeles tales
Lleva delante por guia.

Assi en Mase Pedro veo
Ser mas seguro invidiar
Que pretender imitar
Lo que no alcanza el desseo.

Por tanto si á la memoria
De su ilustre nombre falto,
Juzgo que á varon tan alto
Mi silencio és de mas gloria.

II.
AL PADRE RODRIGO ALVAREZ.

(En el mismo libro.)

Ya el gran varon que solia
Darnos con su vida exemplo,
Lo sube Cristo á su Templo;
Por qu' és de su Compañia.

I como Soldado fué
De su evangélica lista,
Le paga con clara vista
El gran caudal de su fé.

I el da por bien empleado
De la guera los enojos
Por gozar de los despojos
Que ganó como Soldado.

La piedra i los otros males,
Tormento de su persona,
Se le an buelto en la corona
Piedra i perlas orientales.

Mejor, Padre, aveis triumfado
Que David; i en testimonio
Muchas vezes al Demonio
Con piedra aveis derribado:

Por do el traidor declaró
El no poderos sufrir,
Que aunque está hecho á mentir
Vuestra virtud confessó.

Mil vezes de lo profundo
Decis al grave dolor;
Estimo en mas tu valor
Que ser Monarca del Mundo.

Como estais lleno de luz
(Varon santo) quereis vos
Ganar por la cruz á Dios,
Como os ganó por la cruz.

Al fin privais con el Rei
En trabajos, i Paciencia,
I os haze por ecelencia
Estimador de su Lei.

Padre venerable, el llanto
No conviene á vuestra Muerte,
Que és preciosa vuestra suerte
Ante Dios, como de Santo.

Bien se vé la onra crecida
Que á mi libro le aveis dado,
Pues Dios os á Retratado
En su libro de la vida.

A donde és fuerza dezir
Que no os aveis de borrar,
Antes aveis de durar
Cuanto Dios á de vivir.

III.
EN HONRA DEL AUTOR.
ELOGIO DE FRANCISCO PACHECO.

(Entre los preliminares de la *Historia de Nuestra Señora de Aguas-Santas*, poema, por Alonso Diaz, natural y vecino de la ciudad de Sevilla. — Sevila: por Matias Clavijo: 1611.)

Alonso Diaz, no llega
Mi ingenio á la ecelsa gloria
Que merece vuestra Istoria
Porque en sus aguas se anega.

Que como el Cielo os concede
Levantar tan alto buelo,
No puede ingenio del suelo
Lo que solo el Cielo puede.

No de una sola Corona
Se corona vuestra frente,
(Merecida por la fuente
Que pareció en Elicona.)

Que otra os aguarda mas dina
Por esta empresa sagrada,
Que os dá la fuente sellada
Dó nació l' agua divina.

Iustamente merecida
Pues tan liberal andays
Que las almas recreays
En la fuente de la vida.

Do por siglos infinitos
Vivirán vuestros concetos
I no á mudanza sujetos
Aunque sobre l' agua escritos.

Agua es, pero Agua Santa
Con un retrato divino,
I de vos sujeto dino
Pues hasta el cielo os levanta.

Milagro que reuerencio,
Imagen santa que adoro,
En tanto que por decoro
Os alaba mi silencio.

Copiada del ejemplar de este rarísimo poema que posee mi amigo el sábio orientalista, y generoso bibliófilo D. Pascual de Gayangos; ejemplar que perteneció á nuestro célebre Antonio de Leon Pinelo.

ENIGMA.

AL PINCEL.

(*Arte de la pintura.*—Páj. 311.)

De un umilde Animal vengo,
Soi blando de condicion,
I sin lengua doi razon
De todo, aunque no la tengo;

Y aun aparece mas que umano,
De mi poder la grandeza,
Por que otra naturaleza
Hago al que me da la mano.

Lo que estimo sobre todo,
Que no solo Artificiales
Pero sobrenaturales
Cosas hago en alto modo.

Todo cuanto quiero hago,
I lo buelvo á deshazer;
Sin termino en mi poder,
I sin termino mi estrago.

Es mi poder en el suelo
Tan semejante al Eterno
Que puedo echar al Infierno
I puedo llevar al Cielo.

Y aquí para entre los dos,
Llega mi poder á tanto
Que no solo haré un Santo
Pero haré al mesmo Dios.

EPIGRAMAS.

I.

(*Arte de la pintura.*—Páj. 457.)

Sacó un Conejo pintado
Un pintor mal entendido,
Como no fué conocido
Estava desesperado.

Mas halló un nuevo consejo
(Para consolarse) i fue,
Poner, de su mano al pie,
(De letra grande) CONEJO.

II.

(Flores de poetas ilustres, por Pedro de Espinosa.—Valladolid: Luis Sanchez: 1605, y *Arte de la pintura.* -Paj. 457.)

Pintó un Gallo, un mal pintor,
I entró un vivo de repente,
En todo tan diferente
Cuanto ignorante su autor.

Su falta de abilidad
Satisfizo con matallo;
De suerte que murió el Gallo
Por sustentar la verdad.

I.

AL MAESTRO

FRANCISCO JUAN DE ESPINOSA

Comenzó felicemente don Juan de Espinosa estos versos, al Retrato del Maestro Frai Iuan de Espinosa su tio: que aunque parece atrevimiento, fué justo acabarlos.

(En el *Libro de descripcion de verdaderos retratos de ilustres y memorables varones.*—En Sevilla: 1599. M. S. inédito.)

Á quien, á la memoria ó á la Fama,
Das, insigne Pacheco, esta figura?
Que esperanza segura
Ó que ambicion te llama?

Nada la edad reserva
Tambien los simulacros son mortales;
Marmoles i metales
Con desprecio los cubre arena y yerba:
Será, pues, tu pintura reservada
Á tan debil materia encomendada?
Mas ó grave semblante
De Espinosa, orador sacro elgante.

II.

RESPONDE

FRANCISCO PACHECO

A la Fama i memoria
Doi, ó claro Don Juan! el eminente
Varon, que onro el presente
Siglo: i dió á l' alta ciencia lustre y gloria:
Con tan cierta esperanza
Cual la virtud (no la ambicion) alcanza.
I aunque el tiempo consuma
De piedras y metales la dureza,
No puede su aspereza

Acabar el injenio ni la pluma:
Por que en eternas cartas se asegura
Vivo en la istoria, vivo en la pintura.

MADRIGAL.

Á UNA IMÁGEN DE LA VIRGEN

CON CRISTO MUERTO EN SU REGAZO

obra de

MIGUEL ÁNGEL

(Traduccion de Marini.)

(Arte de la Pintura, etc. Pág. 68.)

No és piedra esta Señora
Que sostiene piadosa, reclinado
En sus braços, al muerto hijo elado:
Mas piedra eres aora
Tu, cuya vista á su piedad no llora:
Antes eres mas duro,

Que á muerte tal, las piedras con espanto
Se rompieron; i aun suelen hazer llanto.

Á LA ESTÁTUA DE LA NOCHE.

(Traduccion de unos versos italianos de autor desconocido.)

(*Arte de la pintura,* etc. Pág. 71.)

La Noche, qu' en accion dulce, al reposo
Rendida ves, de un Angel fué esculpida
En esta piedra; i dale el sueño vida:
Llamala i hablará, si estas dudoso.

RESPONDIÓ MIGUEL ANGEL

EN PERSONA DE LA NOCHE.

Dormir, i aun ser de piedra és mejor suerte
Mientras la invidia i la verguença dura
I no ver ni sentir m' és gran ventura;
Pues calla, ó habla baxo; no despierte.

(TRADUCCION DE HORACIO.)

(Arte de la pintura etc. Pág. 144.)

Segnius irritant animum demissa per aures,
Quam quæ sunt oculis subiecta fidelibus.
(Epist. ad Pisones.)

Las cosas percebidas
De los oidos, mueven lentamente:
Pero siendo ofrecidas
Á los fieles ojos, luego siente
Mas poderoso efeto
Para moverse, el animo quieto.

A LA MEMORIA DE LUIS DE VARGAS.

ESTANZAS.

Cuanto con docta mano en la Pintura
Hizieron muchos, tu, ó Vargas divino!
Solo alcanzaste, i gracia i hermosura
Mas alta, con ingenio peregrino.
Diste ser, vida, afecto á la figura;
Abriste con tu voz nuevo camino;
I si bien dá la voz Naturaleza
No como l' arte tuya la belleza.

Si á tan alto lugar llegó tu mano
A mayor nombre i gloria alzaste el buelo,
Renovando, por modo soberano,
En tí la imagen del Pintor del cielo.
Ya tu pincel se dexa atras lo umano,
Venciendo á cuantos pintan en el suelo.
Callo al fin lo que á fuerza umana eccede,
Por no impedir al cielo lo que puede.

TERCETOS.

Á SAN IGNACIO DE LOYOLA.

DEL SUCESO DEL CASTILLO DE PAMPLONA.

(En la *Relacion de la fiesta que se hizo en Sevilla á la Beatificacion del glorioso San Ignacio, fundador de la compañía de Jesus.*—Sevilla: impresa por Luis Estupiñan: 1610.)

Las armas, y el varon ilustre canto,
Capitan de la insigne COMPAÑÍA
Del apellido mas temido y sancto;

La muestra de su esfuerço, y osadia,
En las primicias de la edad loçana;
Que tal gloria á la nuestra prometia.

Engrandeced, ó Musa soberana,
Mi humilde canto, en tan dichosa guerra:
Huya de mi la multitud profana.

Cuando la mayor parte de la tierra
Era regida del comun Tyrano,
Que invidioso la dulce paz destierra;

Y victorioso el barbaro Otomano
(En mengua nuestra) vfano dilatava
La secta impura del Profeta vano;

Y cuando el velo de su faz quitava
Contra la Iglesia, el perfido Lutero,
Y sin color, la guerra publicava;

A nuestro IGNACIO, noble cavallero,
Mirava el gran Rector del alto asiento
Vestido de valor, y limpio azero.

Ya elegido por firme fundamanto
De vn esquadron felice, y poderoso,
A resistir aquel furor violento.

En medio el duro trance riguroso,
Assaltado el Castillo de Pamplona
Del Francés atrevido, y orgulloso.

A trabajo, ni industria no perdona
IGNACIO ilustre, en la ocasion presente;
Antes aspira á la inmortal corona.

Anima, esfuerça á la Española gente,
Caudillos principales de su vando,
Con fuerte pecho, y ánimo valiente:

Por el gran Carlos, i va ponderando
La justa obligacion á dar la vida;
El vil temor de todos desterrando.

Tenian la esperança ya perdida
De socorro, y assi la mejor parte
Casi estava á entregarse reduzida.

Tanto pudo su ardor, su industria y arte
Que á resistir de nuevo, la famosa
Gente se arroja entre el furor de Marte.

La dura empresa, horrenda, y sanguinosa,
De ambas partes los animos enciende;
Haziendo la victoria mas dudosa.

Quien parte, desbarata, rompe, hiende,
Entre el tropel, las caxas, trompas, truenos,
Y su nombre inmortal hazer pretende.

Aqui, y alli, de furia, y sangre llenos,
Ó por las armas, ó el metal horrendo
Caen muchos devigor, y vida agenos.

A la parte, doestava resistiendo
IGNACIO, con valor el duro estrecho,
El peso de la guerra sosteniendo;

De aquel fiero ruydo contrahecho,
Ó del cielo una bala despedida.
La diestra pierna casi le á deshecho.

De otra piedra con furia resurtida,
Fué en la siniestra Ignacio lastimado;
Y cae su fortaleza no vencida.

Honrosamente yaze derribado;
Y viendo su esperança por el suelo
El Español, se rinde desmayado.

¿Quien vió del joven Saulo el duro zelo,
Que ageno de su patria y peregrino,
Cercado en torno de la luz del cielo,

La poderosa voz, rayo divino
Lo derribó, y privó de fortaleza,
Cortando el vano intento á su camino?

Pero por este medio á tanta alteza
Subió, que al claro Olimpo arrebatado
Vió de ocultos mysterios la grandeza.

Despues á los trabajos entregado,
Para llevar el nombre fué elegido
De infierno, tierra y cielo venerado.

Y como en vaso puro, y escogido,
Con él permaneció hasta la muerte,
Aun estando su cuerpo dividido;

A Ignacio, joven animoso, y fuerte
Derribado en su orgullo venturoso,
Assi le avino aqui la diestra suerte.

Fue llevado al contrario victorioso,
Por medio de la industria y fuerça agena,
A su luengo martyrio trabajoso.

Alli por nuevo modo el cielo ordena,
De disponer con luz divina, y pura,
La alma de otros intentos varios llena.

El Amor de la eterna hermosura
Obró en su pecho cosas tan estrañas,
Que todo humano afecto del apura.

Hecho vaso escogido, en sus entrañas
El dulce nombre de IESVS vivia,
Con nuevas maravillas y hazañas;

Hasta que se llegó el felice dia,
Dó el Señor con favor vnico, y raro
Llenó la alma á su siervo de alegria;

Y el nombre, que á su dueño fué tan caro,
Puso á su COMPAÑIA, vnica, y nueva,
Fiado en la promessa, y dulce amparo,
Que en gloria suya por el orbe lleva.

FRAGMENTO
DE UNA EPÍSTOLA
Á PABLO DE CÉSPEDES

(Prólogo del *Arte de la Pintura*, publicado por D. Juan A. Cean Bermudez.)

Mas ¡ó quan desviado del camino
Que intenté proseguir tomé la vía,
Honor de España, Céspedes divino!

Vos podeis la ignorancia y noche mia
Mas que Apéles y Apólo ilustremente
Volver en agradable y claro dia.

Que en vano esperará la edad presente
En la muda poesía igual sujeto,
Ni en la ornada pintura y eloqüente.

Ántes á la futura edad prometo
Que el nombre vuestro vivirá seguro
Sin la industria del Sóstrato arquiteto.

El faro, excelsa torre, el grande muro,
Mauseolo, pirámides y templo,
Simulacro coloso en bronce duro,

Vuelto todo en cenizas lo contemplo,
Que el tiempo á dura muerte condenadas
Tiene las obras nuestras para exemplo;

Mas si en eternas cartas y sagradas
Por vos se extiende heroyca la pintura
Á naciones remotas y apartadas,

Cercado de una luz excelsa y pura
En el sagrado templo la alta Fama,
En oro esculpirá vuestra figura.

Ahora yo á la luz de vuestra llama
Sigo el intento y fin de mi deseo,
Encendido del zelo que me inflama.

ELOGIO
DE FRANCISCO PACHECO.

AL POEMA DE LA CONQUISTA BÉTICA, DE JUAN DE LA CUEVA.

(Sevilla: en casa de Francisco Perez: 1603.)

De varios pensamientos fatigado
Quel grave yugo del Amor estrecho
Dá, al corazon umano cada dia.
Saliendo arrespirar con tierno pecho
Entre los frescos Álamos sentado
Quel Betis riega con su orilla fria.
Oyendo el armonia
De las aves, quel ayre con su canto
Alegran, i entre tanto
El sitio ameno, el agua i su ruido
Al sueño m' an rendido,
Propio d' ánimo triste i congoxoso,
I centro natural de su reposo.

En medio el dulce olvido, de repente
Oi rumor en el profundo asiento
I un ruido en las aguas espantable.

Que bastara dexarme sin aliento,
Sino viera delante claramente
Al sacro Bétis, viejo venerable
Con aspecto agradable
Sobre su eburneo vaso recostado,
I en torno rodeado
De bellas Nymphas, con cabellos de oro,
De su alcazar tesoro,
Que atentas aguardavan sus razones
Por entender tan altas pretensiones.

 I alzando l' alta frente coronada
De verdes ovas, dixo en voz sonora,
Prestandole atencion las compañeras.
O feliz tiempo, ó venturosa ora
En que veo cumplida i acabada
Mi profecia, con gloriosas veras.
Dichosas mis riberas
Que oyen la clara trompa, i la boz nueva
Del onor de la Cueva,
Cisne, que al fin con canto mas que umano
Ilustra el suelo Yspano,
Do Reyna la virtud, i la nobleza,
Arte, ingenio, valor, i fortaleza.

 Este nuevo Maron, Vandalo Omero,
Va los heroycos hechos celebrando

Del inclito varon, divino Marte,
Onor del Mundo (santo Rey Fernando)
El cual fue sin segundo, i el primero
Que al Agareno con industria i arte
I al vando de su parte
Movido por el Cielo hizo guerra.
I derribó por tierra
Sus vanderas, plantando justas leyes
Oficio de los Reyes
I á la famosa Betica oprimida
Dió nueva luz, eterno nombre i vida.

   Ved si es justo, qu' empresa tan divina
Cual su felice Musa nos pregona,
Iustamente guardada para el solo,
Que en la dificil cumbre de Elicona
De Lauro eterno la corona, digna
Le dé con las ermanas junto Apolo.
I de uno al otro Polo
Gozen de su cultura el dulce fruto,
Que me dá por tributo,
Sacando de la sombra del Olvido
El tesoro escondido
De los Heroes famosos cuyo buelo
Lo haze eterno, i claro en tierra, i Cielo.

   Ganges, Danubio, Nilo, i Tajo amado

No invidiare de oy mas vuestros loores,
Con el Cisne que canta en mi ribera.
Calló, porque con nuevos resplandores
Avia sus corrientes retocado
Diana, por oyrle plazentera,
Que nunca ella viniera
Porque no me privara el Hado injusto
Del agradable gusto.
Despierto, i triste me hallé en el llano,
Mas no fue el sueño vano,
I asi no tuve el credito perdido
Hasta que vi lo que soñé cumplido.
Cancion, calle tu justo atrevimiento,
Con que el buelo subiste que oscurece
Lo que a Hesperia enriquece.
I los hechos divinos
De tal ingenio dignos,
No sigas con furor ageno oficio
Pues me llama la suerte á otro exercicio

EPISTOLARIO.

CARTA
DE FRANCISCO PACHECO
Á DON ANTONIO MORENO VILCHES
COSMÓGRAFO DE S. M.

............Recibí carta del Sr. Licenciado Rodrigo Caro, á quien estimo en mucho, y me huelgo infinito de su buena memoria y correspondencia; asi fueran todos los amigos. Yo habia dado, como le escribí á Vm., el memorial suyo á *Francisco de Rioja*, y despues le hablé de nuevo un dia antes que se partiese al Escorial: hoy dia de la fecha por la mañana le visité en órden á esto, y le acompañé hasta D.ª María de Aragon, y oí misa con él, encomendándole el cuidado de dar noticia al Arzobispo del Sr. licenciado; y él con muy buena gracia me prometió que lo haria: Ojalá estuviera en mi mano; hago lo que puedo, y no hago nada al cabo.

Sobre todo lo que Vm. me avisa de D. Thomás Tamayo, aunque diciendo verdad le he sentido no de mucha sustancia, si bien docto y leido y al uso de la corte: yo suelo adivinar algo de lo que viene á ser: en fin, de los hombres hemos de tomar lo que nos quisieren dar.

Madrid, Octubre 1625.

CARTA
DE FRANCISCO PACHECO
Á PEDRO DE ESPINOSA, HERMITAÑO

(Orijinal en el libro *Tratados de erudicion*, existente hoy en la Biblioteca Nacional.)

Si un tiempo con su ingenio, amistad i buena correspondencia, me obligó vmd. tanto que siempre me reconozco por deudor, ahora con la mudanza de estado i vida que vmd. ha hecho, con mucha mas razon le debo estimar, i ofrecerme de nuevo á servirle, porque de ello se me puede seguir mucho mas provechoso interés: (1)

---

(1) Se ha creido por el Sr. D. Cayetano A. de la Barrera que este Pedro Espinosa, á quien se dirige *Pacheco*, sea el poeta antequerano, colector de las *Flores de poetas ilustres*.

bien es verdad que llevado del comun sentimiento de algunos de los amigos de vmd. me pareció que la eleccion que vmd. habia hecho pudiera ser mejor, no respecto del fin, porque este es admirable, pero del medio.

Daban, entre otras, dos razones, y á mi parecer, no apartadas de razon: la una que la accion y talento que sin mucho trabajo habia vmd. recibido de Dios, entrando en una religion santa i aprobada pudiera vmd. acrecentarlo con el estudio en provecho de sus prójimos y utilidad de la Iglesia: la otra razon por la seguridad con que un hombre sirve á Dios en la religion, don-

---

Para nosotros es este punto casi fuera de duda. En la carta misma hay muchas razones que lo comprueban.

Todo ese párrafo primero parece dirigirse á recordar las primitivas relaciones literarias entre *Pacheco* y Espinosa, cuando éste insertó en las *Flores* algunas poesías de aquél.

Pedro de Espinosa residió muchos años en Sanlúcar de Barrameda como Capellan del Duque de Medina-Sidonia, destino que desempeñaba yá ántes del año 1623. En éste fué nombrado Rector del Colejio de San Ildefonso, fundacion de los mismos Duques.

En la misma ciudad de Sanlúcar publicó:

1625.—*Psalmo de penitencia.*
1626. *Panegirico á la ciudad de Antequera.*
1644. = *Tesoro escondido.*

Como se vé por los títulos de sus obras, especialmente por la última, *Arte de bien morir*, Madrid: 1651, el ánimo de Espinosa se inclinaba á la meditacion y al ascetismo.

Pero ¿cuáles fueron las causas que le condujeron primeramente á ordenarse de sacerdote y despues á retirarse al Desierto? Se ignoran comon otras circunstancias de su vida.

de lo guardan la clausura, la obediencia, la compañía, hasta las mismas paredes: el egemplo de tantos buenos que le pueden dar la mano i ser maestros en sus tentaciones é ignorancias, que como nuevo en este camino es fuerza que se le han de ofrecer, i por la dificultad con que pone en ejecucion qualquiera cosa contraria á la virtud.

Pero á todo esto se puede responder, que si la vocacion es verdadera, i el Espíritu Santo (como padrino) es el que saca al hombre al Desierto, como sacó á muchos santos i á la misma unidad de Cristo, el solo basta para allanar todas estas dificultades, ¿i quien duda que el mismo divino Espiritu, como padre fiel haya dado á vmd. guia que le encamine, que es padre espiritual, á quien vea i oiga corporalmente, i le administre el Sacramento de la Penitencia i del Cuerpo de Ntro. Sr. Jesucristo, por lo menos dos vezes en el mes, como remedio el mas eficaz para conservarse en la vida espiritual, donde trocados los estudios de la especulacion terrena en los de la sabiduria celestial, los libros humanos en Divinos, la poesía en alabanzas de Dios (2) donde no menos se requiere delicadeza de injenio, se aprovecha con mayor fruto el precioso tiempo? Yo queriendo pagar algun tributo á Dios de lo mucho que he perdido en esta vida, ofrecí el de estas *estancias á la Virgen Ntra. Sra.* (3) á quien soy eterno deudor, despues de Dios, que me sirven de jaculatoria; lo que en ellas hablo y en esta carta, aunque parece estraño de mi profesion, no lo es de mi obligacion, i no es maravilla, que el hablar bien no cuesta mucho trabajo.

Solo suplico á vmd. no me tenga por esto por mejor de lo que soy, que yo sé que soy harto menos de lo que muestran las palabras; Quise viese el Sr. Racionero (4) estos versos, y que por su mano fuesen encaminados á Vmd. con esta carta.

---

(2) Véase la comprobacion de que este Pedro de Espinosa era poeta y habia escrito versos profanos. De este género son los suyos que Espinosa incluyó en las *Flores de poetas ilustres*

(3) Por desgracia no se conservan en el códice colombino estas *estancias* que servian de *jaculatorias* al piadoso artista.

(4) Probablemente su íntimo amigo Pablo de Céspedes, gran poeta, excelente pintor y *Racionero* de la Catedral de Córdoba. La circunstancia de ir la carta á las manos de Espinosa por la de Céspedes, nos induce á creer que aquel se retiró al pintoresco desierto de las ermitas, cuando abandonó el servicio de la casa de Medina-Sidonia.

Pido á vmd. se acuerde en sus oraciones de mi, y me haga saber si recibió esta; y perdonando mi atrevimiento si en algo me desvío del beneplácito de vmd. á quien guarde Ntro. Sr.

Sin fecha.

Francisco Pacheco.

CARTA
DE D. FRANCISCO DE RIOJA
Á FRANCISCO PACHECO

(Biblioteca colombina.—Tomo 71 de *varios*, en 4.º)

24 *de Junio de* 1619.—

Por referir con puntualidad el caso que passó en su posada de Vm. escrebí en esta carta que envio al Dr. Sebastian de Acosta, que era tradicion que Cristo ntro. Sr. había consagrado con las palabras que dejó á su Igª.: lo cierto es y consta de la scriptura que consagró; pero que fuese con estas palabras, es opinion: assi lo digo en la última parte de mi Discurso, que como me notaron entonces de hereje por defender que la tradicion tenia tanta autoridad como la scriptura no me atreví á dezir que era opinion lo otro, porque aun diziendo que era tradicion lo condenaban por herejía, injuria que dizen algunos frecuentemente, y á que yo no hallo respuesta en la modestia cristiana. Vm. lea ese papel y vea quien se llegó mas á la verdad en la porfia que tuvimos. G.e Dios á Vm. como deseo.

Fran.co de Rioja.

CARTA
DE D. FRANCISCO MEDRANO
Á FRANCISCO PACHECO

(Orijinal en los *Tratados de erudicion de varios autores*.)

No he podido verme con vmd. por mil ocupaciones que me han ocurrido. en lo que toca á la nota del Sr. Ldo. Rioja esta bien advertido y assi mande vmd. escribir aquella palabra assi *encomijs*.

La oda que quedó á mi cargo trasladar

va con esta; pase vmd. los ojos por ella y quite y ponga á su gusto lo que pareciere que estará mejor, que eso me parecerá á mi.

Con este van las poesias de baltasar del alcazar, las de vmd. no, que se las llevaré yo y á fée que estoy enamorado y envidioso de aquellas rimas de la virgen que no me harto de leellas.

El papel de sus advertencias de vmd. he mirado de espacio, y aunque por los años que leí philosophia y theologia en las universidades de Salamanca y Valladolid pudiera atreverme á censuralle con el p.e Valderrama, no presumo de mi que soy valiente theologo. aparte en esas noches que he vacado, digo, á las once y doce de la noche, he revuelto papeles mios y escrito de prisa el que va con el que creo le será á vmd. de gusto y lo más breve que pudiere seré con vmd. á quien n. s. etc.ª de casa oy viernes

D. Fran.co
medrano

CARTA
DE D. FRANCISCO DE MEDRANO
en respuesta al pintor
FRANCISCO PACHECO

No se puede hacer juicio entero de una persona por una breve muestra, bien grande la da vmd. de ser el que Dios n. a. le dio muy aventajado, pues aun en cosas fuera de su facultad assi se ajusta con la verdad que despues de muchos discursos y sudor hallan los grandes Teologos. si los valientes escritores fueran tan cuidadosos de la verdad, todos como vmd. menos ocassion hubieran dado á nuestros enemigos de mofar de cosas admitidas en pintura entre los fieles, si bien son los herejes tan sin vergüença que de lo muy fundado burlan por su ignorancia como quiera que por ventura no se hallara alguna pintura que sea muy comun y recibida en la iglesia catolica la cual no tenga suficiente fundamento.

Y en cuanto toca al lugar en que fué circuncidado el Sor. cierto es que no fué el templo, porque demas de las conveniencias que vmd. trae, S. Epifanio á quien siguen en esto muchos padres, afirma en lib.º 1.º contra las heregias en el tomo 1.º cap.º último, antes de impugnar la eregia veinte, que la circuncision fué en el lugar del nacimiento, y por no ventilar si fué en la cueva donde nació ó en alguna casa del pueblo, lo sin duda es que fué en Belen porque allí estuvo la virgen ss.ma con su dijo y esposo, hasta despues de la venida he los magos, los cuales parece la hallaron en alguna casa, á que pudieron haberse pasado desde la cueva, porque dice el evangelio.

*Intrantes domum puerum, etc.*ª, y en esta misma casa pudo ser la circuncision pues asi lo dice niceforo en el lib.º 1.º de su historia en el cap.º 12—Esto de el lugar

Del ministro no podemos asentar cosa cierta, porque la ley que mandaba circuncidar no lo señala, asi el hazer aquel ministerio era comun á hombres y mugeres, como lo notó el Tostado en la question 44 sobre el cap.º V. de Josué. Porque Abrahan circuncidó á todos los de su casa *(Genesis 17)* Sephora muger de moyses circuncidó á su hijo *(Exodi 4.º)* y otras mugeres á los suyos *(1.º Machabeos, cap. 1.º)* y aun algunos á si mismos como Abrahan en el lugar citado, y Achior *(Judith 4.º)* Decis que n. s.ra La virgen maria circuncidó á su hijo ss.mo: ni lo apruevo ni lo repruevo. Solo osaré afirmar que ni S. Jeronimo ni otro padre de la iglesia conocido tal diga; dizelo un autor incierto, cuyo libro intitulado *de la verdadera circuncision*, le ahijó algun impresor al santo, y anda en el tomo IX de sus obras conocido de todos por parto supuesto, y dizelo otro semejante en un tratadillo *del planto de n. s.ra* ahijado á S. Bernardo, y tenido de todos por no suyo

assi que está muy cuerdamente considerada la resolucion que vmd. toma de hazer ministro de aquel sacramento al santo Josef con las circunstancias que vmd. pone. En el 2.º punto del baptismo no hay que decir, pues interviene tan expresamente la letra del evangelio que lo dice con palabras distinctas--comó tambien lo del animo y valor de la virgen s.ra nra. en medio de los acerbissimos dolores de la pasion, pues dize S. Juan en el cap. 19—Stabant ante cuncta crucem Jesu, maria mater eis etc.ª—y aquella palabra *stabant* es lo mismo que assistir en pié, sin rendimiento del cuerpo, menos del animo, al dolor.

Mas porque dije arriba que por ventura no auia cosa alguna recibida comunmente en pintura de los fieles que no ouiese suficiente fundamento, y porque sepa vmd. en que grado de certidumbre ha de tener las cosas que arriba quedan asentadas, quiero desempeñar mi palabra y advertir lo que hay en cada punto de ellos.

Acerca del lugar donde fué ntro. bien circuncidado, S. Hylario, gravissimo dotor de la iglesia, de quien Hyeronimo escribe á una santa virgen llamada Lesa que sin miedo ni tropiezo puede leer sus obras, escribiendo sobre el psalmo 118 dize, que fué circuncidado en el templo, y contra esto ni ay autoridad infalible, ni razon perentoria: sino las conjecturas pueden ser que vmd. trae, las quales hazen mas creyble que el mysterio de la circuncision no se celebró en el templo sino en la cueva ó en alguna posada de belen.

En el punto del baptismo, el cardenal Thomas de rio, obispo cavetano insigne comentador de S. Thomas, y otros muchos con el, afirman que la figura de paloma apareció sobre cristo n. s. desde antes que lo baptizase S. Juan: assi lo dize el dicho autor sobre el cap.º 3. de S. matheo y trae sus razones y argumentos fundados en lugares de la escritura. y aunque la autoridad y razones de los autores basta para librar de error manifiesto, esta sentencia no deja de ser demasiado de atrevida, y assi la califica el cardenal Francisco de Toledo escribiendo sobre S. H.º c. 1.º annotacion 72: y assi quien pintase la paloma sobre Xro n. sr. antes que saliese del jordan baptizado, ó seria pintor ignorante ó atrevido á mas de lo que debe.

Otro punto es y bien grave el del pasmo y desmayo de n. sra.: y siendo assi como verdaderamente lo es que en aquella persona riquissima de todos los dones gracias y virtudes naturales y sobrenaturales se debió hallar, como se halló, la fortaleza en acabado y perfectissimo grado, ay santos doctores y padres de la iglesia que afirmen haber caydo en ella desmayo y amorteoimiento, que están muy escusados los pintores que caen en el tal desacierto. S. Buenaventura dize que se amorteció n. s.ª quando vió á su hijo arrodillar en la † y quando le vió clavar en ella. en el libro de sus meditaciones c. 77 y 79. S. Anselmo en el diálogo de la pasion de n. s. dice lo mismo, y de esta opinion es el autor del libro (que se atribuye á S. Bernardo) del planto de la virgen, y S. buenavent.ª dize, c. 80, que quando abrieron el costado al S.r cayó amortecida la virgen entre los brazos de la madalena. de esta opinion es S. laurencio lustoniano libro de la batalla triunfal de Xto al fin del. Lodulfo, *de vita Xti.* p. 2 cap.º 64 y 70. Dionisio cartujano sobre el cap.º 18 de S. Juan: Sixto senense lib.º 6 annotacion 126, y otros muchos: y á las palabras de Juan responden que no afirma haber estado n. s.ra siempre en pié y firme, sino que estuvo assi un tiempo con lo cual se compadece haver estado otro rato desmayada y amortecida.

Pero notese que de los santos y padres antiguos y primitivos ninguno es de este parecer, antes si tocan en esto son del contrario, como se ve S. Ambrosio en la epistola 82 y en el libro de la institucion de la virgen cap.º 7 y aun llega á tanta exageracion el santo que en el sermon que hizo en la muerte del emp.or valentiniano osa afirmar que no lloró la virgen ss.ma en la pasion de su hijo Dios n. s. y lo confirma con estas palabras: *stante lego, flectem non lego*. como si dijera en el evangelio la hallo valerosa, no la hallo llorosa.

Y assi conforme á esto siento que lo que vmd. en su papel escribe no solo no contradize á la verdad sino es lo mas conforme á ella y lo que sienten los santos y doctores que mas acertadamente han examinado y determinado las circunstancias de aquellos mysterios que estan en los santos evangelistas, ni en otros libros de los sagrados y canónicos; y porque debe ser seguido y imitado de los que quisieren pintar con más acierto y mayor semejanza de verdad. y como tal lo firmo de mi nombre.

D. fran.co de medrano

CARTA

DE ANTONIO MORENO VILCHES

cosmógrafo de S. M.

Á RODRIGO CARO

Sr. Licenciado Rodrigo Caro: habiendo escrito á Madrid y remitido el pliego de Vuestra merced para el Doctor D. Thomás Tamayo, á un amigo para que lo diesse á D. Juan de Caldierna, un caballero de mi tierra, gran amigo de D. Thomás, para que se lo diesse y nos introdujese en su amistad; y no habiéndolo hecho por no estar en Madrid, quando volvió halló que era muerto el dicho D. Juan de Caldierna; y habiéndolo yo entendido, escribí á *Francisco Pacheco,* nuestro amigo, se juntase con la persona á quien yo remití el pliego, para que ámbos juntos hablasen á D. Thomás: se descuidó de hacerlo el ordinario, que le remití la carta, por lo qual mi amigo me volvió á enviar el pliego. Con esto yo escribí á *Francisco Pacheco* para que el hiciese la diligencia. Vido á D. Thomás, que es su amigo, antes que recibiese el pliego de vuestra merced, que yo he vuelto á remitirle á él: y con solo la relacion que *Francisco Pacheco* le hizó á él de Vm. y de mí, y entendiendo el afecto que tenemos á su persona y letras, se anticipó á escribirnos; y valiéndome de la licencia que Vm. me dió para que abriese sus cartas, la he visto y remito á Vm. con la que me escribió á mí, y *tambien la de Francisco Pacheco,* para que vuestra merced las vea, y *haya lo que pide Francisco Pacheco en honra de Fernando de Herrera,* pues es justo que las personas de la autoridad y letras de Vm. honrren á sus compatriotas, y más á la persona de Fernando de Herrera, tan digno de alabanza: y sea Vm. servido de responder á esas cartas, que yo no lo hice este ordinario á la de D. Thomás, porque fuése la mia favorecida á la sombra de Vm. Ya D. Thomás habrá recibido el pliego de Vm. con que quedará asentada la amistad y correspondencia entre Vm......

Cuando estuvo aqui Francisco de Rioja esta primavera, me dijo como como se habia desistido del oficio de cronista: yo le pedí hiciese diligencia para que se diese á D. Tomás: él abrazó este parecer por haber conocido en el partes y aliento: para el oficio: ahora escribe *Pacheco* como Vm. verá, que tiene muy adelante esta esta pretension: holgaríame saliese con ella, porque lo veo trabajador, y celoso de la honrra de España.

FRAGMENTO DE UNA CARTA
DE D. TOMÁS TAMAYO DE VARGAS
Á RODRIGO CARO

Sr. Rodrigo Caro.
..............El Sr. Francisco Pacheco ha querido no solo dignarse de honrarme con

su enseñanza, que asi puedo llamar á su comunicacion, pues personas tales siempre que hablan enseñan, sino aumentar el favor con decirme la merced que Vmd. me hace, y casi he holgado que sus cartas de Vm. (aunque lo siento mucho por ser suyas) no han llegado á mis manos antes que esta mia se las bese en mi nombre, y le asegure que me hallará muy para su servicio siempre.

Madrid 4 de Agosto de 1625.

Tomás Tamayo de Vargas.

OPÚSCULOS
DE
FRANCISCO PACHECO.

APUNTAMIENTOS
DE FRANCISCO PACHECO,
PINTOR,
EN FAVOR DE SANTA TERESA DE JESUS.

(Contra el *Memorial* de D. Francisco de Quevedo.)

Vi el *Memorial* que D. Francisco de Quevedo estampó en defensa de Santiago, y me parece que no merecen mucha culpa los que lo censuran, pues con serle tan aficionado, me dió ocasion á estos breves Apuntamientos.

1.—I lo primero, pregunto; en el catálogo que haze de los santos de España para Patronos della, si seria agravio de Santiago hazer Patron á Santo Domingo ó á San Ignacio; i si no lo es ¿por qué lo ha de ser serlo Santa Teresa?

2.—Dize que es forzoso admitir á todos los santos de España por Patronos, porque militan las propias causas que en

Santa Teresa; luego en su opinion no fué acto libre haberla admitido, sino forzoso, afirmando todos que sí; i á esto llama novedad primera.

3.—Novedad segunda le pareze encomendar á muger el Patronazgo é invocalla en las batallas: Si no hay diferencia en las almas ¿por qué no se podrá invocar á Santa Clara, con cuya oracion huyeron los enemigos que tenian cercado su convento, i á la Vírgen Ntra. Sra. que tantas victorias ha dado á los christianos, apareciendo visiblemente?

4.—Dize que no se dió el ser Patron á Santiago ni por parentesco, ni por santidad, sino por que peleó á vista de todos: ¿luego los demás que no pelearon no pueden ser Patronos ni se pueden invocar?

5.—Es verdad que Dios eligió á Santiago para convertir á España, i es notorio á todos; pero no vá España contra esta eleccion en elegir á Santa Teresa despues dél, si puede elegir otros santos de España de los que señala el *Memorial*.

6.—Por el lugar que trae de S. Crisóstomo, que el que planta i el que riega es una misma cosa; ¿si ambas cosas son necesarias, por qué excluye á Santa Teresa, pues puede con el riego de su oracion fertilizar la Iglesia, i no se mezcla ni confunde lo uno con lo otro?

7.—Santiago no ha menester para ahuyentar los moros bañar en sangre su espada, (cosa que pondera mucho el *Memorial* en las heridas dellos) ni el Angel que mató los Primogénitos tampoco, bien que aparece á caballo i armado. Vemos que Dios pone á San Francisco el montante de San Pablo para degollar un Obispo enemigo de su religion; i es el poder de Dios i su voluntad el que pelea i venze las batallas, i el que dá este valor á sus amigos, que esteriormente pareze, como se vé por mil ejemplos de la historia i de la Escritura Sagrada.

8.—Dize que tiene ejecutoriada por Cristo el Apóstol Santiago esta tutela; i que no tuvieron los Procuradores poderes de las ciudades para elegir otro Patron: tenga el Apóstol i goze mientras dura el mundo el ser Patron de España (pues nadie vá contra su Egecutoria) que el Rey ni sus Procuradores no han menester poderes para elegir otro santo ó santa por Patron, como afirman los doctos.

9.—En vano se cansa en traer testimonios de Reyes pasados, si todos se los confesamos, i concedemos, i queremos á Santiago por Patron nuestro, ¿quién se persuade no tener perjuicio á Santiago por invocar tambien á Santa Teresa i tenella por Patrona? ¿Quién se atreve á dezir lo que afirma, que se desasosiegan por esto las cosas divinas?

10.—Dize que se infiere del Decreto que Santa Teresa es Patron dudoso, como si el Pontífice dudase de dar el decreto, aviéndolo dado con tanto acuerdo i autoridad.

11.—¿Quién depone á Santiago? ¡O porfia cruel! Agravio i pecado llama elegir á Santa Teresa por Patrona, siendo obra piadosa i meritoria, i digna de toda alabanza!

12.—Dize que si no se le quita nada al Santo, no se le añade nada á la Santa; digo, que en lo esencial es assí, i lo que se añade es culto i veneracion de Dios, i grande gloria suia: i si la mayor gloria de Dios es lo que los Santos dessean, se les añade mucho de gloria acidental.

13.—Harto umanamente discurre en esta parte, que es perjuicio lo que uno posee con justo título partirlo con otro: esto será en leyes umanas, pero ¿qué tiene que ver en las leyes de la caridad, i de la gloria i bienaventuranza de los Santos?

14.—Pareze que introduce á S. Francisco con los dos fundadores de religiones tan ilustres como la Compañía y los Predicadores, para que sus hijos le ayuden á sentir y á clamar este agravio.

15.—Trae las palabras del Santo Rey Don Fernando en un privilegio en que dá por cierto i especial Patron de Santiago, i haze esta exclamacion: *¿Quién será tan temerario que no se desdiga de su porfia?* pues rebolbiendo las cosas umanas se desasosiegan las divinas: ¡umilde modo de hablar! Santiago se queda especial Patron i no es temeridad elegir á Santa Teresa; mas temeridad parece que sea parte rebolberse el mundo para desasosegar, ó inquietar á los Santos i bienaventurados.

16.—Otra temeridad es dezir que siendo el Rey alferez de Santiago se vuelve contra su capitan. Eso pretendiendo S. M. otras cosas que su invocacion i estima, como lo assegura en su carta al conde de Oñate, para que pida segundo Buleto a Su Santidad.

17. Que no se podia pedir á Venécia que admitiera con San Márcos á Santiago: respondo, ¿que por qué? si San Márcos se quedaua por primer Patron ¿qué daño recibia la República en invocar á Santiago i á San Márcos?

18.—I mas abajo, que es mas seguro no dar á Santa Teresa lo que nunca tuvo. Siempre será seguro invocar á Santa Teresa i tenerla por Patrona i abogada quien hasta aora no la ha tenido por tal, pues á Santiago no se le quita lo que posee, i el exemplo que trae de San Francisco con parrillas i San Lorenzo con llagas es fuera de este propósito.

19.—A que no se le quita nada á Santiago, ni se añade á Santa Teresa, ya se ha dicho en el *Apuntamiento* doce que al uno i al otro se le añade la onra i gloria que se dá al Señor de todos, que es glorificado en la invocacion de los Santos.

20.—Dize que Santiago sabe sentir i entristecerse, i trae para esto la revelacion de Santa Brígida: ¿Qué tiene que ver sentir los pocos que se avian convertido en España á la fé, con sentir que los convertidos i cathólicos hoy lo invoquen á él i á Santa Teresa en su favor?

21.—Cita un lugar de Santiago, toda dádiva buena viene del padre de las lumbres. Santa Teresa es dádiva buena para España, i así vendrá de Dios tambien la inspiracion de invocarla con Santiago.

22.—Todo lo que añade de exemplos de cruzes, de capillas, de sepulturas, y otras cosas, no son á propósito, porque se fundan en leyes humanas en que se puede perder, y en esta se gana mucho, pues se queda el Apóstol Santiago en su misma posesion i estima.

23.—I porque hay tantos que responden á este *Memorial*, passo al duro exemplo que trae diziendo que el ruego que se hizo á Herodes quitó á San Juan la cabeza, i este del Patronato de Santa Teresa hecho á nuestro Cathólico Rei nos quiere quitar la nuestra que es el Apóstol Santiago: pero confesando que aquel ordenó la malicia, i éste la piedad, ya se vé la diferencia que haze lo uno á lo otro. Porque ¿cómo se compadecerá con la piedad querer quitarnos nuestro primer Patron y padre á quien tanto debemos? ¿ó qué interés se les sigue á los Religiosos descalzos, quando lo pidiesen, corriéndoles essa obligacion pues solo atienden á la mayor gloria de Dios?

24.—Vltimamente dize; que la Santa tomó por Patron á S. José por los muchos beneficios que de él confiesa haber recibido; luego no haze mal el Rei i el Reyno á su exemplo en recibirla por Patrona, por lo mismo, pues son tan manifiestos sus favores, i en particular haber alcanzado salud á S. M., que tanto bien ha traido á la christiandad.

I pues no hay (como dizen todos los doctos) nulidad en nada de lo que se ha pretendido hasta aora, como dió el primer Buleto el Pontífice podrá dar el segundo, con que cesaran tantas quejas de quien no es interesado en ello, i se allanaran tantas dificultades imaginadas.

Acabo, (y perdónesele á Don Francisco por esto todo lo que ha dicho hasta aquí) con que condenando el haber traido en defensa del Patronato el lugar del GENESIS: *non est bonum hominem esse solum:* diziendo que es muy desemejante, prosigue: pues si fuera solo dársela por compañera á no obstar en el Patronato de España todas las razones referidas; ¿qué causa es menester buscar sino ser Santa Teresa tan gran Santa que Cristo la escogió para su esposa? por lo cual sobra para compañera de Santiago.

Si escribe esto, i ha hecho versos aprobando ser Patrona Santa Teresa ¿para qué lo contradize aora en verso i prosa? Mejor pareziera conformarse con su Rei en cosa tan justa, pues no hay esperanza de ver lo contrario: i si se preguntare ¿por qué fué Patrona Santa Teresa? se podrá responder, porque Dios quiso, pues su voluntad es la primera causa eficiente.

I aunque es verdad que en defensa del Patronato de Santiago han escrito con piadoso celo muchos doctores y varones doctos, paresze que han aprendido demasiadamente el agravio de Santiago, cosa que otros de no menos partes tienen por exceso, pues el Apóstol no necesita de su defensa; pero, sacando á los que por sus ingenios y letras no pueden recibir injuria, á muchos de los idiotas vulgares apasionados contra Santa Teresa se les puede aplicar esta Epígrama.

Era en la sazon dichosa,
quando agena de alegria
á su Esposo i Rey hazia
onrras la Sagrada Esposa.

Y andando en su movimiento
un loco encontró un lanzon,
i al punto le dió aficion
de guardar el Monumento.

Puesto en su egerzicio pio,
vido acercarse á rezar
un onrrado del lugar,
pero en fama de judio.

Con la aprehension ó el celo,
enarboló la cruel
asta, con que dió con él
mas que aturdido en el suelo.

Y al pueblo que lo cercó
para vengar esta injuria,
daua vozes con gran furia:
«¿hemos de guardar, ó nó?»

Fabio amigo, la razon
siga un camino quieto,
que nunca el celo indiscreto
alcanza reformacion.

APACIBLE CONVERSACION
ENTRE UN TOMISTA Y UN CONGREGADO
ACERCA DEL MISTERIO
DE LA
PURÍSIMA CONCEPCION
NUESTRA SEÑORA.

APROBACION.

Este Diálogo no contiene cosa contra nuestra Santa fé ó buenas costumbres, antes con apacible discurso muestra cuan conforme sea á toda razon y piedad la verdad de la inmaculada concepcion de Nuestra Sra.—De este Colejio de la Compañia de Jesus, de S. Hermenejildo, Marzo 17 de 1620.

Pascual Ruiz.

Guárdese en todo la ortografía y puntuacion de este papel, sin esceder un punto, y si es posible vea yo las pruebas; y sea de muy buena letra.

Nota del autor.

A LA VENERABLE HERMANDAD
DE LA
SANTA CRUZ EN JERUSALEN,
EN SAN ANTONIO ABAD.

Por muchas razones, que reduzco a tres solamente, dedico a vuesas mercedes este papel (que halló lugar entre mis ocupaciones.) La primera por ser hermano de esta Santa cofradía, no menos que desde el año 1583: la otra, por la demostracion tan grande, como es notorio que ha hecho en honra del Misterio de la Purísima Concepcion de Ntra. Sra., a que desde los primeros años he sido aficionado: y la última por haber hecho voto de tenerlo y venerarlo en compañia de esta Noble congregacion.

Holgara ser mas capaz para manifestar mi afecto y las obligaciones que tengo a la Sant.ª virgen, a quien supliquemos todos nos alcance gracia de Ntro. Sr. y perseverancia en su santo servicio. Primero de Enero de 1620.

Francisco Pacheco.

SONETO.

Et quasi plantatio rosæ in Jerico.—Eclesiastici, 24.

    Cual linda rosa en Jericó plantada,
Que despues que bebió en la luz dudosa
El celestial humor, mas gloriosa
Al furor de Titan se opone osada;

    Y en verde astil al cielo levantada
Ostenta el oro y púrpura hermosa,
Leda espira fragancia poderosa
Como entre flores reina aventajada:

    Tal, pura virgen, sois: habeis triunfado
Del general ardor, porque el rocio
De la gracia os previno en vuestra aurora;

    Que en la alta dignidad que se os ha dado
No quiso el grande Dios deyar vacío
Honor debido á universal señora.

                        FRANCISCO PACHECO.

APACIBLE CONVERSACION
ENTRE UN TOMISTA Y UN CONGREGADO
ACERCA DEL MISTERIO
DE LA
PURÍSIMA CONCEPCION
NUESTRA SEÑORA

C.—Cierto que me alegro de haber encontrado á vuesa merced en tan agradable sitio, pues nos podremos sentar á la orilla de este rio, y hablar en algo de gusto, y sacarme vuesa merced de una duda, y es que me han certificado que es vmd. Tomista.

T.—Yo beso á vmd. las manos por la merced que me hace, aunque no sé la intencion con que vmd. me pone este nombre; mas con todo eso me huelgo de tenerlo, y que me lo diga un Congregado.

C.—Tiene vmd. mil razones, porque á la

manera que esta voz hombre, con solo el modo de esplicarse se puede tomar en buena ó mala parte, asi sucede en los demas nombres que si queremos decir significando miseria y flaqueza todo hombre es mentiroso, tambien en buena parte diremos hombre al fuerte y valeroso en la virtud, y de lo uno y de lo otro hallaremos mucho que alegar.

T.—Asi es, y en este segundo sentido soy Tomista, esto es, devoto de Sto. Tomás, aficionado á su relijion, defensor de su doctrina, (como es permitido á un seglar) porque veo que el Cardenal Cayetano de la orden de Sto. Domingo, que doctamente escribió en favor de la doctrina de Sto. Tomás, llama a los de su escuela en este nombre tan honroso.

C.—Vmd. ha apuntado bien y discretamente, y es esto tanta verdad (como he oido a hombres cuerdos, que no solo esa Sagrada religion, pero todas las demas se precian de Tomistas, y toda la Iglesia se señala en seguir la doctrina de Sto. Tomás, como de Sol clarísimo que la ilustró; y de esta manera (porque no se puede dar otro nombre mejor) ha de entender vmd. que le llamé Tomista, y por diferenciarlo en la opinion; pero de llamarme vmd. Congregado podria sospechar mal, porque tambien se dice por ultraje.

T.—Yo no lo digo por tal, ni me pasa por pensamiento, ni entre católicos es justo desacreditar la virtud porque algunos particulares usen mal de ella.

C.—Está bien, porque las congregaciones, como vmd. sabe, son encaminadas á ella y á que cada uno cumpla mejor con las obligaciones de su estado, y por eso las apadrinan las relijiones y las favorecen los Pontífices con indulgencias, y los que entran en ellas estan obligados á mayor recojimiento y cuidado de su conciencia y á dar buen ejemplo; y me acuerdo que David parece que se confiesa por congregado cuando dice *que alaba a Dios con el concilio y congregacion de los justos.*

F.—Segun eso bien pueden ser los Tomistas congregados.

C.—¿Quien lo duda? Y los congregados Tomistas y devotos de Sto. Tomás, y de su doctrina porque el Santo D.r tambien favorece nuestra opinion como se prueba de los lugares en que habla de ella que trae en su tratado el D.r Lucero, del opúsculo 8 sobre el Ave María, y del colibeto 2 y sentenciarios, en los cuales lugares dice *que la virgen fue preservada no solo del pecado actual, pero tambien del orijinal*, aunque lo mudó en la 3.ª parte en la cuestion 27.

T.—Pues de esa suerte estando en sus obras las dos opiniones, los religiosos de Sto. Domingo como jente docta podran seguir la opinion que quisieren, y que en ellos es mas antigua por las obligaciones de su relijion.

C.—Es así, pero no me maravillo yo de ellos, ni se me hace nueva su opinion, pero los seglares y Vmd. que no son teólogos, no tocandoles estas obligaciones es fuerte cosa que no se inclinen mas a la nuestra, y se alegren con el pueblo en estas festividades y octavas de la Concepcion de la virjen.

T.—¿Como puede vmd. juzgar eso?

C.—A lo menos en las muestras esteriores lo parece, que yo en lo interior no puedo saber, aunque estoy persuadido por otra parte que en los corazones tienen todos escrito este misterio, y los relijiosos mejor, como jente a quien tiene la virgen mas obligada.

T.—Ahora, señor, yo sé que me alegro mucho de todo lo que es honra de Dios y servicio de la virgen, pero conservo mi opinion, pues es lícita y me la permite el Pontífice y la vmd. no es de fé.

C.—Así lo confieso y que á vmd. ni á mí nos es permitido disputar de ella, por ser seglares, que esto se guarda para los teólogos, y para las escuelas y Cátedras, pero con la sencillez cristiana bien podriamos hablar, refiriendo algo de lo mucho y bueno que estos dias habemos oido y leido en alabanza de la virgen ntra. Sra.; y si vmd. tuviere paciencia para responderme, ó yo reduciria á vmd. á mi parecer ó vmd. me inclinaria al suyo.

T.—Como sea desapasionadamente y de las tejas abajo, bien creo que satisfaré á vmd. en lo que me preguntare.

C.—Pregunto, pues; ¿en este misterio que es su opinion de vmd?

T.—Señor mio, mi opinion es que la Sma. vírgen fué santificada en el segundo instante de su concepcion, y le fué quitada luego la mancha del pecado orijinal en que como hija de Adan incurrió; digame vmd. la suya.

C.—La mia es que la Virgen fue preservada del pecado orijinal en el primer instante, y que no le tocó la mancha por privilejio particular, y á esto llamo inmaculada Concepcion, sin mancha de pecado orijinal; pero deseo saber si la opinion de vmd. y la mia son una misma cosa.

T.—Señor no; porque si asi fuera no habia que litigar, ni que poner en paz, y fuera una sola y no dos, donde tantos hombres doctos se esfuerzan y adelgazan los injenios en defenderla.

C.—Pues señor, habiendo vmd. concedido que son diferentes las opiniones, viene bien ahora preguntar ¿á cual de las dos hace la Iglesia fiesta universal, ciento veinte y tantos años há, desde el tiempo de Sixto IV?

T.—Á mi me parece que á una y á otra, pues ambas son probables y se permiten.

C.—Concedo que ámbas se permitan, pero siendo encontradas ¿cómo se ha de celebrar fiesta á ámbas? Si como vmd. dice se llama la de vmd. con nombre de santificacion ¿qué presupone mancha? ¿y la otra es sin ella? y decir que celebra fiesta de santificacion (como prueba el Dr. Lucero) es contra la institucion de la fiesta, porque le llama la Iglesia *fiesta de Concepcion*, y no es ménos la diferencia que la que hay de la gracia al pecado: que celebre fiesta a mi opinion es evidente en las Bulas Apostólicas, como refiere doctamente el maestro D. Alonso de la Serna en su memorial declarando un lugar de la estravagante *grave nimis: habiendo*, dice el Santo Pontífice Sixto IV, *la Santa Iglesia Romana instituido y celebrado fiesta solemne de la Concepcion de la no ofendida y siempre Virjen Maria, y héchole particular y propio oficio, hay quien se atreva á decir etc.;* y mas abajo le llama al rezado el oficio de la dicha Concepcion sin mancha: y en otra Bula que pone el mismo Pontífice, dada dos años antes, hay una terrible excomunion para los que dijeren que es sola la espiritual Concepcion, ó santificacion la que la Iglesia Romana celebra; y es tan grande esta autoridad y tan fuerte este argumento, que recibe grave daño la silla Apostólica (dice el Padre Fray Lorenzo Gutierrez de la órden de Santo Domingo, en su sermon al Rey del año de 1618) en decir que tantos Pontífices se han engañado en celebrar la fiesta de la Inmaculada Concepcion, aprobando su oficio y concediendo indulgencias á muchas oraciones en que se protesta la inmunidad de la Vírjen, y confirmando una sagrada relijion en que de instituto se profesa este misterio; y permita vmd. pues es aficionado á versos, una coplita de las que compuso Fray Damian de Vegas, del hábito de S. Juan, en su libro que se imprimió en Toledo año de 1590, hablando de la institucion de la fiesta por la Iglesia.

 Mas pues con cuidado tanto
Por ella fué instituida,
Siendo, (como lo es) regida
Por el Espíritu Santo;
 Es claro indicio y señal
Que fué inmaculada y santa,
Pues que la Iglesia la canta
Y venera como tal.

T.—A fé que ha andado vmd. valiente, y que tiene mucha fuerza esto de la festividad, á que yo no hallo respuesta, aunque bien creo que la hallará alguno de mis Padres; mucho vale la buena memoria en estas ocasiones, y certifico á vmd. que mucho de lo que me parece que tenia que responder se me ha olvidado.

C.—Pues á ese propósito contaré á vmd. una cosa notable que me refirió un relijioso muy grave. El padre maestro Cabrera, insigne predicador de la órden de Santo Domingo (de quien yo he leido tres sermones impresos de la limpia Concepcion) estudiando uno de esta festividad, y queriendo predicar de santificacion, se le olvidó totalmente cuanto habia estudiado sin poder en ninguna manera ordenar discurso alguno; y sintiendo esta novedad en sí, se puso de rodillas delante de una imájen de la Vírgen ntra. Sra., y propuso de predicar de su purísima Concepcion, y luego al punto se le ofrecieron tantos y tan soberanos conceptos que fué cosa maravillosa, y predicó el sermon admirablemente, y contaba despues el caso á muchos hombres graves: mire vmd. cuanto se agrada Dios de que publiquen este privilejio de su madre Sma.

T.—A lo ménos no se llamará vmd. y los

de su opinion malogrados que bien lo han publicado estos dias en las procesiones que han salido, con la cancion de Miguel Cid.

C.—Señal es que vmd. nos miraba y no iba con nosotros.

T.—¿No basta que les viese abrir las bocas con tanta gracia que me provocaban á risa?

C.—¿Luego vmd. no cantará las coplas por las calles?

T.—No por cierto, señor; baste que las canten los niños, que no es esto necesario para salvarse, teniendo en su corazon la estima que se debe tener á los misterios de Dios y de su madre y á lo que enseña la fé y pudiendo cantar en su corazon y alabar á Dios: y donde es esto y poner rótulos á la puerta de mi casa, no estoy de parecer de hacerlo, porque no es menestér.

C.—¿En verdad? pues yo las cantaré por vmd. toda mi vida, en la calle y en casa, y las haré cantar á mis hijos y criados, y pondré todos los rótulos que pudiere, á imitacion de nuestro devoto prelado D. Pedro de Castro y Quiñones que lo puso con tanta magestad y grandeza en la puerta de la Iglesia mayor de esta ciudad; y asi como lo siento en el corazon, lo publicaré con la boca y entenderé que por el afecto con que dijere las coplas en alabanza de la Virgen, tengo de tener premio en el cielo, y en favor de esto entiendo aquella sentencia que dijo ntro. Redentor, *el que me confesare delante de los hombres yo lo honraré delante de mi padre.*

T.—Eso se dice por la obligacion que hay de confesar un cristiano que lo es y la doctrina que profesa delante de los infieles y no callarla ni encubrirla por miedo.

C.—¡Que amigos son vmds. de llevarlo todo por rigor! Verdad es lo que vmd. dice, pero yo añado á eso que es de mi obligacion y precepto lo que es devocion y demostracion de alegria en este soberano misterio, y como dije á vmd. poco há, *pues que la Iglesia lo canta* ¿que mucho que yo que me precio de su hijo lo cante?

T.—No, si no sea todo, daca el pecado original, toma el pecado original; y yo aseguro que á muchos de los Congregados que nos matan con las coplas, si les preguntasen que es pecado original, que digan mil disparates.

C.—Pues yo entiendo que cuando lo ignoren como sepan las cosas que están obligados por los artículos de la fé, ó el credo y mandamientos de Dios, y demás que nos enseña la doctrina cristiana, que no dejarán de ir al cielo, porque esas cosas pertenecen á los doctos, pero pocos ignoran los efectos pues los experimentan en sí; y ya el dia de hoy con la oposicion ha crecido la curiosidad en la inteligencia de esto.

T.—Ahora, pues, dígamelo vmd. por ellos, que tanto presume de docto.

C.—No lo soy; y por eso será necedad presumirlo, pero remitíreme á lo que he leido en romance, y á la llaneza y sinceridad que pretendo; y no quiero cansar á vmd. con lo mucho y bueno que escribió el Ciceron cristiano Fr. Luis de Granada, en nuestra lengua, en la 3.ª parte del Símbolo de la fé, antes del misterio de la redencion, cap. 2, sino brevemente responderle con la doctrina cristiana del doctísimo Belarmino, que dice así: *el pecado orijinal es aquel con que nosotros nacemos, que nos viene por sucesion de nuestro primer padre Adan.*

T.—Basta, señor; bien dicho está eso ¿quiere vmd. que le diga yo que tal está el que lo tiene, antes del bautismo, que es el remedio de él?

C.—Ya yo lo sé, señor, por la misma doctrina cristiana, que repiten los niños.

T.—Tampoco yo lo ignoro, que es hijo de maldicion, esclavo del Demonio y desheredado del cielo: que sobraba, sin otras mil desdichas que siguen, á este hombre concebido en pecado, que oimos que lamentaba Job y otros santos.

C.—Pues de ahí saco yo la piedad de mi opinion.

T.—La opinion piadosa, quiere vmd. decir.

C.—Así es.

T.—Sepamos como; y deje vmd. á parte cual es mas verdadera, que no sé si lo podrá probar tan facilmente.

C.—Vamos poco á poco, que no me despido de probarlo tambien; y dígame vmd. ahora, ¿qué quiere decir piedad?

T.—Por no parecer mas docto que vmd. responderé con el mismo Fr. Luis de Granada, diciendo primero que hay piedad de parte de Dios y piedad de parte del hombre, y que ambas las declara el dho. autor con dos lugares de S. Pablo.

C.—¡Oh! cuanto huelgo de oir á vmd. y mas citando al que fué de nuestra opinion!

T.—De la primera dice: verdaderamente es grande el sacramento de la piedad que se descubrió en carne y fué aprobado por el Espíritu Santo, apareció á los ánjeles y fué predicado á las jentes: de la segunda dice: la piedad para todas las cosas aprovecha, porque para ella son todas las promesas de la vida presente y advenidera.

C.—¿Y no discanta el buen Fr. Luis sobre eso?

T.—Si señor; y muy bien: porque dice de la segunda, hablando con el hombre; veis, pues, cuan abiertamente le promete aqui el Apóstol á la piedad, que es el culto y veneracion de Dios, no solo los bienes de la otra vida, sino tambien los de esta, en cuanto nos sirven y ayudan para alcanzar aquellos.

C.—Ahora sabrá vmd. como infiero yo mi opinion. Si queda el hombre por el pecado original (como vmd. ha dicho) hijo de maldicion, esclavo del Demonio y desheredado del cielo, aquella Sra. á quien Sta. Isabel llena de Espíritu Santo y movida su lengua por él, dijo *bendita tú entre las mujeres, y bendito el fruto de tu vientre*, y de una misma manera habló del hijo y de la madre ¿quién se puede persuadir que le alcanzase algun tiempo esta maldicion? y que la que dijo antes el Señor que habia de quebrar la cabeza á la serpiente, que es el demonio, y triunfar de él, fuese su esclava? ¿Y que la predestinada *ab eterno* para madre de Dios, fuese por aquel punto desheredada del cielo? Luego bien dije poco ha, que del estado del pecado original sacaba yo la opinion piadosa; pues á la piedad de parte de Dios no habia de faltar voluntad, pues no le faltaba poder, para no permitir en la que habia de ser su madre tan miserable estado; y si la piedad de Dios, (como vmd. ha dicho) se manifestó en hacerse hombre por obra del espíritu Santo en las entrañas de la Vírgen, y morir por darle vida, y la carne del hijo es la madre ¿quién pensará que habia de ser algun tiempo manchada? Y si la piedad de parte de los hombres es el culto y veneracion de Dios, bien se llama la opinion piadosa, y con el nombre que la Iglesia llama á la mesma Vírgen, pues se cumple en sentir tan altamente de la bondad de Dios que igualándola con su omnipotencia, digamos que pudo y quiso preservar á la que habia de levantar á la mayor dignidad sobre ánjeles y hombres, como lo dijo en otra coplita el Comendador de S. Juan.

 Desáteme el mas agudo
Este argumento preciso:
¿O pudo Dios y no quiso?
¿O quiso Dios y no pudo?

 Si lo primero decís
A su bondad agraviais;
Si lo segundo negais
Contra su potencia is.

T.—Piadosamente ha discurrido vmd., y está bien bautizada su opinion con el nombre: la mia tiene mas de justicia y de mejor, fundada no menos que en lugar de S. Pablo, que no esceptuó á nadie.

C.—Ya los doctos han dado grandes esplicaciones á ese lugar con otros muchos de la Escra. que hablan jeneralmente y tienen escepcion; y tambien dice en otro el Apostol que *todos nacen hijos de ira;* y es de fé que fuera de la Sma. Vírgen, Hieremias y S. Juan Bautista nacieron santos, y S. Pablo habló en ese lugar como dicen los mas doctos, de la naturaleza y no de los privilejios de la gracia, y por esto los padres del Concilio Tridentino declarándolo dijeron; *que no tenian intencion de comprender en el Decreto del pecado orijinal á la Sma. vírjen;* menos será justo que la tengamos nosotros siendo ignorantes.

T.—Ahora le queda á vmd. lo que prometió averiguar que su opinion era mejor y mas verdadera.

C.—Bien se prueba de todo lo que he dicho; mas pues vmd. gusta de ello, diré mas. Los Reynos enteros, las ciudades, las religiones, los colegios, y universidades, las cofradías y congregaciones, y el mundo todo que la sigue y hace voto de tenerla, dicen cuan aventajada es á la de vmd.: dícenlo los Sumos Pontífices, que de palabra ni por escrito quieren que se hable contra ella, y contra la de vmd. no estorban el predicar y escribir: dícenlo los milagros, las indulgencias las revelaciones autorizadas, la celebridad de la Iglesia universal con precepto, desde Sixto V, que no puede celebrar fiesta sino á cosa santa y verdadera; y pues bastó esto al Anjélico Doctor para confesar que la Natividad de Ntra. Sra. fué santa, baste hoy á sus devotos ver celebrar su concepcion con tanto regocijo: y si de su doctrina consta que *no pudo Dios hacer* mejor madre, y era mejor sin pecado orijinal que con él, luego confiesa que no lo tuvo: ¿quiere vmd. mas? ¿y si á Adan y Eva con saber Dios que habian de pecar los crió en gracia, y á los ánjeles de la misma suerte, no solo á los buenos sino á los malos, á la Sra. de todos que no habia de pecar ni venialmente, quien se persuade que en su principio careció de este privilejio? como dice esta copla del Comendador.

Mas lo que mucho más es,
Si en gracia tambien se crian
Los ánjeles que debian
De ser demonios despues:

¿En qué entendimiento humano
Cabe no lo conceder,
En la que habia de ser
Madre de Dios soberano?

T.—No se puede negar lo que vmd. ha dicho; pero quisiera tener aquí uno de mis frailes que arguyera como docto á vmd.

C.—Entónces no respondiera yo sino el manual de los Predicadores que se imprimió en Sevilla en el convento de S. Pablo año de 1524 que llama á su opinion de ninguna utilidad y de mucho escándalo, difinicion que prueba bastantemente la desigualdad que tiene comparada con la piadosa.

T.—Ahora, señor, muchos varones doctos la siguen, y es permitida por la Iglesia.

C.—Por lo menos, si es buena para permitida no lo es para cantada, pues por lo que tiene de oscuridad se quisieron valer de la que trae la noche ciertos devotos suyos para celebrarla al son de una gaita zamorana, y recibiólos la gente por donde pasaban con tanto gusto que en vez de esparcir rosas y flores, llovian macetas y tiestos de las azoteas de tal manera que fué milagro no sucederles alguna gran desgracia, y creo que la impidió la Sma. Vírgen, que á imitacion de su hijo rogaba por ellos como por jente *que ignoraba lo que hacia;* esto si me diga vmd. que era *cantar mal y porfiar*, como dijo Fr. Vicente Justiniano en sus adiciones á la vida del santo S. Luis Beltran.

T.—¿Quién pondrá puertas al campo? eso hace el vulgo con pasion, como ha hecho otras demasías contra los religiosos de una órden tan grave como la de Sto. Domingo, y que tanto provecho ha traido á la Iglesia.

C.—Confieso que me ha pesado mucho de semejante imprudencia, porque eso es muy ajeno de la devocion de la Vírgen, del intento de nuestra madre la Iglesia y del espíritu de Cristo ntro. Sr. el cual pretende la union y paz de los fieles: ocasion les han dado azaz para mayores cosas; pero lo que nos puede aguar nuestra plática dejémoslo por ahora y prosigamos en buena amistad.

T.—Paréceme señor, que aunque no me determinase del todo por ahora á seguir su parecer de vmd., con esta conversacion estimando ambas opiniones, podria quedarme neutral, no inclinándome mas á una que á otra, hasta que la Iglesia me lo dé por fé, pues ambas opiniones salen probables de la escra. y de los santos.

C.—No sé si diga que estaba vmd. mas cerca de seguir mi opinion, aunque podria tambien esta perplejidad darme buenas esperanzas de reducir á vmd. del todo; en este mismo estado juzgo que estaba el que hizo este *soneto* que ha salido estos dias.

Madre de Dios, yo soy un hombre rudo
Temeroso de Dios y de las gentes,
Que en otras opiniones diferentes
De fé me visto, de pasion desnudo.

Creo en Dios, sin meterme en lo que pudo,
Que ambas partes piadosas y prudentes
Las defienden santazos eminentes
En cuya variacion suspenso dudo.

El pueblo es voz de Dios; su aficion pia
Ni repruebo, ni canto, ni corrijo;
Bravo es S. Pablo, no hay quien lo resista;

Dios es Dios, y de Dios madre María;
Allá se lo hayan entre madre é hijo,
Que ni soy Congregado, ni Tomista.

T.—Bueno por cierto, injenio muestra el autor y parece que favoreciendo ambas opiniones no quiso parecer apasionado por ninguna de las partes, y anduvo prudente.

C.—Con todo no se fué alabando, ni quedó su auto consentido, que yo aunque no profeso ser poeta, le respondí, sino por los mismos consonantes por los

mismos conceptos en otro *soneto* que
si bien me acuerdo dice así:

O tu, que hombre te llamas ignorante
Y temeroso suspendido el brio,
Parado en la corriente de un gran rio
Ni te mueves, ni pasas adelante:

Riesgo corres en caso semejante,
Porque ni eres caliente, ni eres frio;
Pero si el parecer sigues mas pio
No temas del Apóstol el montante.

El pueblo es voz de Dios, yo lo confieso,
Y que la virgen de su hijo es madre,
Que *ab eterno* fué así determinado:

¿Pues dime, amigo Libio, será esceso
Entender que quien tuvo á Dios por padre
Tuvo madre en quien nunca hubo pecado?

T.—Cuerda es por cierto y devota la respuesta, siempre me depare Dios quien así me entretenga como vmd.: páreceme que nuestra plática y el dia se han acabado á un tiempo, y será bien recojernos por esta puerta de S. Juan para que podamos partir el camino.

C.—Vamos muy enhorabuena, y rematemos con esta ponderacion (dejando aparte los hombres doctos que tratan estas cuestiones para apurar la verdad) cuando considero que la Sma. Vírgen tiene por hijo á Dios todopoderoso, que es la misma bondad, y aborrece de manera el pecado que dió su vida por librarnos de él, y que siendo nosotros los mas obligados á corresponder con agradecimiento á tantos beneficios, estudiamos razones y formamos discursos sin ser letrados, para igualar á esta Sra. en la mancha del pecado orijinal con los miserables hombres, no me maravillaré de cosa alguna que vea en este mundo por estraña que sea.

FIN.

ÍNDICE.

Pájinas.

—Pacheco y sus obras.
Dos palabras. 5
1.º—*Inconvenientes y dificultades de este trabajo.* 9
2.º—*Pacheco y su familia.* 19
3.º—*Cuestiones graves.* 47
4.º—*Noticias de la existencia y objeto del libro de retratos.* 60
5.º—*El Libro despues de la muerte del autor.* 71
6.º—*Noticias y dudas.* 83
7.º—*Hallazgo y compra en 1864.* . . 96
8.º—*Lo que se ha perdido y lo que se conserva.* 122
9.º—*Otros retratos pintados por Pacheco.* 135

Apéndice.
1.º *Sobre la biografía de Baltasar del Alcázar.* 147

II

Pájinas.

2.º—*Elogio biográfico de Lope de Vega.* 158
3.º—*Elogios de los retratos que se conservan en Lóndres.* 167
    Juan Marquez de Aroche.
    Pedro de Mesa.
    Sancho Hernandez.
    Pedro de Madrid.
    Florentino de Pancorvo.
    Manuel Rodriguez.
    Antonio de Vera Bustos.

—POESÍAS DE FRANCISCO PACHECO.
    Sonetos.
1.º— 187
2.º—*Al retrato de Fr. Pablo de Santa Maria..* 188
3.º—*A San Ignacio de Loyola.* . . 189
4.º—*A Don Juan de Jáuregui.* . . 190
5.º—*A Fernando de Herrera.* . . . 191
6.º—*A Juan de la Cueva.* 192
7.º—*A la muerte de Miguel Angel. (Traduccion.)* 193
8.º—*A Don Diego de Silva Velazquez.* 194
9.º—*Andrómeda y Perseo.* 195
10.—*A Cristo Ntro. Sr.* 196

Pájina.

11.—A Don Fernando Enriquez de Rivera. 197
12.—A Pablo de Céspedes. . . . 198
13.—A Fray Pedro de Valderrama. . 199
14.—Al maestro Fray Juan Farfán.. 200

—Composiciones várias.

1.º—Octavas.—En el túmulo de la Reina D.ª Margarita. . . . 201
2.º—A Fray Agustin Nuñez Delgadillo. (Décimas.) 202
3.º—A Baltasar del Alcázar. (Décimas.) 203
4.º—En la muerte del Dr. Juan Perez de Montalvan. 204
5.º—A Maese Pedro Campaña. (Redondillas.) 205
6.º—Al Padre Rodrigo Alvarez. (Redondillas.) 206
7.º—En honra de Alonso Diaz. (Elogio.) 209
8.º—El pincel: enigma. 211
9.º—Epigrama. 212
10.—Otro. 213

Pájina.

11.—*Al Maestro Fray Juan de Espinosa. De D. Juan de Espinosa.* 213
12.—*Responde Francisco Pacheco.* 214
13.°—*Madrigal.* (Traduccion de Marini.) 215
14.—*A la estátua de la Noche.* (Traduccion del italiano.) 216
15.—*Respuesta de Miguel Angel.* (Traduccion.) 216
16.—*Traduccion de Horacio.* 217
17.—*A la memoria de Luis de Vargas.* (Estanzas). 217
18.—*Del suceso del Castillo de Pamplona.* (Tercetos.) 218
19.—*Fragmento de una epístola á Pablo de Céspedes.* 223
20.—*Elogio del poema de la Conquista Bética.* 225

—Epistolario.
1.°—*Carta de Francisco Pacheco a D. Antonio Moreno Vilches, cosmógrafo de S. M.* 231
2.°—*Carta de Francisco Pacheco á Pedro Espinosa, hermitaño.* 232

	Pájina.

3.º—*Carta de D. Francisco de Rioja á Francisco Pacheco.* 236

4.º-5.º—*Cartas de Don Francisco de Medrano á Francisco Pacheco.* 237-238

6.º—*Carta de D. Antonio Moreno Vilches al Licdo. Rodrigo Caro.* 246

7.º—*Fragmento de una carta de D. Tomas Tamayo de Várgas á Moreno Vilches.* 248

—Opúsculos de Francisco Pacheco.

1.º—*En defensa del compatronato de Sta. Teresa. (Inédito.)* . . . 253

2.º—*Conversacion entre un Tomista y un Congregado.* 265

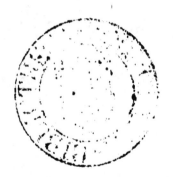

Se halla de venta, al precio de tres pesetas, en casa de sus Editores Francisco Alvarez y C.ª, y en Madrid, en las librerías de D. Leocadio Lopez, Mariano Murillo, Bailly-Balliere y Antonio San Martin.

Printed in the USA
CPSIA information can be obtained
at www.ICGtesting.com
LVHW081236030524
779164LV00045B/1290